L'Évangile et le Web

Quel discours chrétien dans les médias ?

Collection Questions ouvertes,
dirigée par Dennis Gira avec Jean-Marc Aveline,
Bernard Ugeux et Gérard Reynald

La collection *Questions ouvertes* a été créée par la revue *Spiritus*, qui réunit treize instituts missionnaires, et par les trois Instituts de Sciences et Théologie des Religions (ISTR) de Paris, de Marseille et de Toulouse. Différents courants missionnaires de l'Église de France se sont joints à cette initiative : La Coopération Missionnaire, la Mission de France, la Mission Ouvrière.

Déjà parus

Tokombéré au pays des grands prêtres, Religions africaines et Évangile peuvent-ils inventer l'avenir ?, Christian Aurenche.

À la rencontre des cultures. Comment conjuguer unité et pluralité dans les Églises ?, Michaël Amaladoss.

La foi à l'épreuve de la mondialisation. La mission a-t-elle encore un sens ?, Christophe Roucou.

L'Église des banlieues. L'urbanité : quel défi pour le christianisme ?, Jean-Luc Brunin.

Droits de l'homme et Évangile, Comment vivre l'universalité des valeurs dans la pluralité des cultures ?, André Jacques.

La Bible en terres d'Afrique, Quelle est la fécondité de la Parole de Dieu ?, Paulin Poucouta.

Le Christianisme a-t-il fait son temps ?, Jean-Marie Ploux.

Guérir à tout prix ?, Bernard Ugeux.

Vivre de plusieurs religions, promesse ou illusion ? Sous la direction de Jacques Scheuer et Dennis Gira.

La réincarnation au-delà des idées reçues, André Couture.

Mourir pour vivre ? Les rites de passage et la foi chrétienne aujourd'hui, Abel Pasquier.

Juifs et Chrétiens, le nouveau dialogue, Geneviève Comeau.

Imprimé en France *Printed in France*

ISBN 2-7082-3583-4
ISSN 1275-1634

Pietro Pisarra

L'ÉVANGILE ET LE WEB

Quel discours chrétien dans les médias ?

LES EDITIONS DE L'ATELIER

Les Editions Ouvrières
12 avenue Sœur Rosalie
75013 Paris

INTRODUCTION

Quelle était la langue du paradis ? Dans quel idiome – forcément sublime – les ancêtres de l'humanité conversaient-ils avec l'Éternel ? S'exprimaient-ils en hébreu ou en grec, en syriaque ou en latin ?

Quoi qu'il en soit ou, plutôt, quoi qu'il en ait été, le savant allemand Andreas Kempe, au XVIIe siècle, raconte « comment la "voluptueuse Ève" succombe à un serpent dont la séduction satanique emprunte les mots de la langue française ».

La question de la langue du paradis, comme l'a montré Maurice Olender, a été au centre de nombreuses polémiques [1]. Les théologiens, les philosophes, les linguistes de l'âge romantique, comme avant eux certains Pères de l'Église, apportèrent leur contribution au débat.

Les uns défendaient la thèse de l'hébreu, les autres celle du sanscrit et d'autres encore celle de l'allemand, du suédois, du danois, du français, du flamand (pourquoi pas ?).

La question était moins futile ou farfelue qu'il n'y paraît. Car en arrière-plan de ces disputes savantes il y avait la nostalgie d'une langue unique et la recherche d'une langue parfaite, existante ou artificielle, qui aurait permis d'oublier la confusion des langues, d'oublier Babel.

Babel : c'est de là que tout a commencé. Tout, c'est-à-dire nos problèmes de communication, de traduction, d'interprétation.

Le mythe de Babel a été vécu comme un drame par des générations de savants, comme le signe d'une imperfection marquant à jamais l'histoire de l'humanité.

Et si, au contraire, Babel avait été un « épisode » providentiel, *felix culpa*, le point de départ d'une longue recherche qui aurait abouti à la réalisation de quelques inventions clés de notre modernité ? Si, au lieu de maudire Babel, on en faisait l'éloge, en soulignant l'importance des différences plutôt que celle de l'uniformité de langue ou de culture ?

Selon Umberto Eco, la nostalgie de la « langue mère » primordiale – celle d'Adam au paradis terrestre – et la quête d'une langue parfaite ont eu de nombreux effets collatéraux, parmi lesquels le moins important n'a pas été la construction des langages informatiques [2].

Réévaluer Babel ? Oui, répond sans hésitation l'écrivain et sémiologue italien. De Babel naissent les valeurs du métissage et du brassage de races et de traditions. Babel c'est le point de départ – très lointain, on ne peut le nier – de la modernité.

Mais se référer à Babel veut dire aussi reconnaître le caractère provisoire, l'imperfection (l'heureuse imperfection) de toutes nos tentatives de communication. Car nous n'avons plus de langue commune, nous ne sommes plus dans le paradis des origines et nous ne sommes pas encore dans la Jérusalem céleste, où, ainsi que nous l'assurait Karl Barth, les anges s'adressent à Dieu en chantant les œuvres de Bach et s'amusent entre eux en jouant du Mozart.

Dans ce livre sur l'Église et les médias à l'heure d'Internet nous avons choisi de ne pas isoler la communication médiatique des autres formes de communication, de la communication interpersonnelle au quotidien et de celle qui s'établit au moment des rites. La communication c'est un tout, qui connaît, certes, des moments différents, et qui utilise des moyens différents, plus ou moins sophistiqués, mais qui doit être analysé sans que sa dimension globale et ses multiples implications soient jamais oubliées.

Depuis quelques années, nous entendons dans toutes les langues que nous sommes en train de vivre un des plus grands bouleversements de l'époque que l'on dit moderne, un bouleversement qui concerne en premier lieu la technique – avec l'avènement des réseaux numériques –, mais aussi la culture au sens le plus large du terme, l'organisation du travail et la place grandissante consacrée aux loisirs.

L'air du temps est à l'emphase technique, aux louanges pour les prodiges et merveilles de la réalité virtuelle ou de la communication en temps réel par satellite. Internet et l'informatique ont leurs chantres attitrés : clercs d'un savoir qui s'enrichit de jour en jour. Et il est difficile de ne pas se laisser charmer par leur musique ou convaincre par leurs arguments. Mais sans nier la valeur des exploits techniques, sans sous-estimer les très nombreux apports positifs des développements informatiques, ce bouleversement serait très peu de chose s'il n'impliquait pas des changements d'un autre ordre, si – au lieu de servir la communication – il ne se servait pas d'elle pour imposer de nouvelles formes de contrôle social ou de nouveaux conformismes. Car la communication est d'abord partage d'une expérience, échange, dialogue. Et dans un deuxième temps, diffusion d'informations ou de connaissances, par le biais de moyens comme l'imprimerie, la télévision et aujourd'hui Internet. « C'est pourquoi », écrit Dominique Wolton, « l'*enjeu* de la communication n'a pas changé depuis des siècles et met toujours l'Église au cœur de cet enjeu »[3].

Durant ses vingt siècles d'histoire, l'Église a développé un savoir et une sagesse sur les médias. Suivant les moments, elle a adopté vis-à-vis des moyens de communication, trois attitudes différentes : la « bénédiction » des médias, considérés comme des dons de la Providence et des signes des temps, comme des outils formidables au service de l'évangélisation et d'une meilleure compréhension entre les peuples ; la méfiance ou le rejet vis-à-vis de moyens soupçonnés de diffuser des doctrines ou des modèles de comportement dangereux ; enfin, une voie « médiane » entre les deux attitudes précédentes, la voie d'un « enthousiasme modéré », d'un regard fondamentalement positif, mais qui n'est pas « aveugle », qui ne sous-estime pas les risques de dérapages ou les dangers dûs aux excès de puissance et aux abus de pouvoir des médias [4].

Depuis le concile Vatican II, cette troisième voie s'est imposée dans les textes et dans la pratique ecclésiale. Mais certaines tensions, une certaine méfiance, des deux côtés, caractérisent toujours les rapports entre l'Église et les médias [5]. Sans être en conflit permanent, on est loin de l'idylle.

Que peut donc faire l'Église face à la révolution de la communication ?

Doit-elle, comme le suggère D. Wolton [6], contester l'idéologie de la modernité et le discours technique dominant, pour rappeler l'importance de la dimension humaine et sociale de la communication ? Doit-elle dire, haut et fort, que « l'enjeu de la communication n'est pas la gestion des ressemblances, mais la gestion des différences », c'est-à-dire le dialogue avec l'autre, surtout l'*autre* le plus éloigné par ses traditions et sa culture ?

La liste des engagements, des « choses à faire », des objectifs pourrait être longue.

Dans ce livre nous avons choisi d'analyser quelques questions-clés qui caractérisent aujourd'hui les rapports entre l'Église et les médias, sans oublier que l'Église est elle-même *médium*, *médium* d'une rencontre personnelle avec le Christ, car elle est, dans sa nature, communion et communication.

Nous avons voulu proposer une *introduction*, un état des lieux limité à des sujets brûlants – comme le pouvoir des images ou la mystérieuse alchimie qui permet la transformation d'un fait en événement médiatique –, sans perdre de vue la toile de fond, les changements en cours et, surtout, le « langage silencieux », celui des gestes et des expressions qui enrichissent la communication humaine.

C'est un regard de l'intérieur, pleinement revendiqué : de l'intérieur des médias et de celui de l'Église. Avec la conviction que, malgré les « charmes » de Babel, les chrétiens ne doivent pas cesser de cultiver la nostalgie de Jérusalem, utopie ou promesse d'une communication qui devient chant, louange, danse, célébration de la rencontre avec l'Autre.

Lors de l'écriture de ce livre, j'ai contracté plusieurs dettes : à l'égard de Nicole Gira, qui a lu et corrigé patiemment tous les chapitres, en me dispensant de précieux conseils sur la forme et le fond ; à l'égard de Michèle Luccioni, pour son aide et ses suggestions, et d'Arielle Corbani, pour son insistance amicale, qui m'a permis de terminer le travail commencé il y a bien longtemps.

Qu'elles soient toutes ici chaleureusement remerciées.

Ma femme, Anne Pisarra, a été le premier témoin de mes tentatives d'écrire dans la langue de Molière (enfin, presque) ce qui avait été le plus souvent pensé dans la langue de Dante (presque... là encore !). Faut-il ajouter que ces pages lui doivent beaucoup ?

Notes

1. Maurice Olender, *Les langues du paradis*, Paris, Le Seuil, 1989, p. 14. C'est de ce livre que nous avons tiré la citation d'Andreas Kempe.
2. Cf. Umberto Eco, *La recherche de la langue parfaite dans la culture européenne*, Paris, Le Seuil, 1994.
3. Dominique Wolton, « L'Église face à la révolution de la communication et à la construction de l'Europe », in *Médias et religions en miroir* (sous la direction de Pierre Bréchon et Jean-Pierre Willaime), Paris, PUF, 2000, p. 282.
4. Sur l'évolution du discours de l'Église au sujet des médias voir la precieuse anthologie du groupe Médiathec de la faculté de Théologie de Lyon (Henri Bourgeois, Jean Bianchi, Michel Kübler, Patrick Keppel et Jacques Buard) : *Les médias, textes des Églises*, Paris, Le Centurion, 1990.
5. Cf. Gérard Defois – Henri Tincq, *Les médias et l'Église. Évangélisation et information : le conflit de deux paroles*, Paris, éditions CFPJ, 1997 ; Bernard Gendrin, *Église et société, communication impossible ?*, Paris, Desclée de Brouwer, 1995.
6. Dominique Wolton, « L'Église face à la révolution de la communication... », *op. cit.*, p. 287-289.

CHAPITRE 1
COMMUNIQUER POUR QUOI FAIRE ?

« De la communication dépend la vie commune, le visage de la communauté chrétienne, et donc le témoignage fondamental de l'Église parmi les hommes. » [1]

Enzo Bianchi

C'est un petit personnage. Il s'avance au milieu d'hommes et de femmes qui portent, comme lui, un vêtement blanc marqué par le signe du salut (la lettre « tau », en rouge). Il n'a pas d'auréole, mais tout indique qu'il s'agit d'un saint ou d'un martyr, comme les autres hommes et femmes autour de lui : un enfant qui joue au ballon, un peintre avec sa palette, les représentants des saints anonymes, de cette foule innombrables de témoins du Christ dont nous parle l'*Apocalypse*.

Ce qui frappe notre regard n'est pas le visage de l'homme en question, mais un objet qui ne nous paraît pas à sa place, qui semble étrange ou bizarre en tel lieu. Que fait ce personnage, avec son outil de travail, à côté des patriarches et des prophètes de l'Ancien Testament, d'Abraham, de Moïse et de Jonas, ou des martyrs de notre temps, comme Édith Stein et le prêtre orthodoxe Pavel Florenskij ?

Nous sommes au cœur du Vatican, à côté de la chapelle Sixtine et des appartements pontificaux. Plus précisément, dans la nouvelle chapelle privée du Pape, *Redemptoris Mater*. « Un chef-d'œuvre d'une beauté éblouissante », écrivait la presse italienne lors de l'inauguration de cet oratoire par Jean-Paul II, le 14 novembre 1999. « Une mosaïque d'inspiration néo-byzantine, qui sait conjuguer à la perfection art et théologie. »

L'auteur de cette œuvre est le jésuite Marko Rupnik, peintre et théologien marqué par la spiritualité de Byzance et de l'Orient chrétien.

Inspiré par son maître, le théologien Thomas Spidlik, Rupnik a conçu un projet iconographique qui respecte l'esprit de la tradition byzantine, mais qui s'en éloigne par l'introduction d'éléments nouveaux, comme par exemple le personnage qui a retenu notre attention. Qui est ce saint sans nom ? Nous ne le savons pas. Mais nous savons qu'il s'agit d'un journaliste ou d'un informaticien, de quelqu'un qui, en tout cas, travaille avec un ordinateur. Car l'outil représenté au milieu des saints et des saintes du Vatican, dans les lieux qui abritent le Jugement dernier de Michel-Ange et les fresques de Raphaël, est bel et bien un ordinateur portable.

Désormais, dans nos dictionnaires d'iconographie, à côté des flèches de saint Sébastien, des porcs et des démons de saint Antoine, de la roue de sainte Catherine, il faudra ajouter un ordinateur (instrument de torture au même titre que les autres, est-il besoin de le préciser ?).

Certains y verront un signe des temps ou un clin d'œil. Il est permis aussi d'y voir le symbole de l'inculturation de la foi dans les territoires des anciens et des nouveaux médias, d'Internet et des autoroutes télématiques. Est-ce le signe d'un nouvel intérêt, d'une confiance nouvelle de l'Église envers les médias ? Qui sait ?

L'Église et les médias : un tournant ?

Après les foudres, les piques et les flèches souvent décochées contre les médias par les représentants de l'Église, après des *siècles* de défiance et de méfiance, nous sommes peut-être à un tournant. Mais il ne faut pas se méprendre. Car il y a entre l'Église et les médias une très longue histoire de fascination réciproque et d'incompréhensions, d'attirance et de rejet. Il y a un malentendu séculaire, lourd de conséquences. La liste des griefs, des deux côtés, est interminable. « Les médias sont réducteurs, simplistes, aiment les raccourcis, préfèrent le scandale et proposent une vision moralisante du christianisme », disent les uns. « L'Église privilégie l'image de son "chef", aime les personnages charismatiques et les grands événements, les rassemblements sur le modèle des Journées mondiales de la jeunesse ; elle s'exprime dans un jargon réservé aux initiés, incompréhensible pour la plupart des gens », rétorquent les autres.

Il y a là deux cultures, deux logiques, deux langages qui s'affrontent. Il y a deux discours, distants et, malgré tout, semblables ; deux raisonnements influencés par ces « prénotions », ces idées toutes faites, ces fausses évidences du sens commun dont on devrait se méfier comme de la peste (dixit Émile Durkheim).

Qui oserait nier que les médias sont souvent réducteurs, victimes d'un défaut visuel qui leur fait privilégier un détail, le plus souvent spectaculaire, pittoresque ou curieux, au détriment de l'ensemble ?

Et qui pourrait affirmer que la prose des documents officiels de l'Église (pour ne pas parler des discours de ses représentants) est toujours d'une clarté cristalline ?

Comme le diraient nos politiciens, « le débat est ailleurs ».

Ailleurs ? Oui, sur un autre terrain. Car pour comprendre ce qui est en jeu il faut se situer sur le terrain de l'histoire et de la théologie, entendre l'écho de vieilles disputes qui ont résonné dans les églises et les cloîtres.

Quel rapport y a-t-il, par exemple, entre les palimpsestes des moines copistes du Moyen Âge et les pages du Web, entre l'évêque Serenus de Marseille et les Talibans, entre la crise iconoclaste et la place consacrée aujourd'hui aux images dans le système des médias ?

Dans le jeu des reproches réciproques, l'on oublie trop souvent ce que les médias doivent au christianisme et ce que le christianisme, pour sa diffusion, doit aux médias.

On attribue à Marshall McLuhan cette boutade : « sans christianisme, point de télévision ! ». Mais que la phrase soit authentique ou apocryphe, peu importe : sans le christianisme, sans sa culture des images, nous n'aurions pas aujourd'hui un système télévisuel d'une telle variété, nous n'aurions pas une telle profusion de chaînes généralistes ou thématiques, par câble ou par satellite, et la télévision n'exercerait pas sa fascination ou son magistère cathodique sur des foules immenses, dans tous les coins de la planète.

Faut-il s'en plaindre ou s'en féliciter ? Dans le lot d'erreurs et de fautes que l'on attribue à la défunte chrétienté, y a-t-il aussi la *culpa* (*felix* ou non) d'avoir engendré Jean-Pierre Foucault et les *Guignols de l'info*, Thierry Ardisson et la *Roue de la fortune* ? Et qu'en est-il de ce que les Américains appellent la *trash tv*, cette télévision ordurière qui flatte le voyeurisme et nos instincts les plus bas ?

Il y a là motif à repentance ? Les chrétiens doivent-ils se considérer comme responsables des triomphes de *Big Brother* ou de *Loft Story* ?

Ce serait prendre les fameuses vessies pour des lanternes électroniques, Mireille Dumas pour une icône de Marie-Madeleine et Patrick Poivre-d'Arvor pour le portrait de saint Jean-Baptiste se nourrissant de sauterelles.

Vous conviendrez cette fois aussi que le débat n'est pas là. On ne peut pas ignorer pour autant le rôle déterminant du christianisme dans la formation de notre culture (télé) visuelle et, plus en général, de notre culture médiatique.

Comme l'écrit Henri Tincq dans un essai qui balaie beaucoup de lieux communs[2], les médias et l'Église forment « un couple explosif » (on n'oserait pas dire « infernal »). Mais il serait trop facile de s'en tenir au constat des récriminations réciproques.

Le malentendu – nous l'avons vu – est lourd d'histoire : le courant ne passe pas ou il passe mal entre les chrétiens et les médias parce que chacun attend de l'autre ce que l'autre souvent ne peut pas donner.

Comment dire l'indicible quand vous disposez de vingt-cinq secondes au journal de vingt heures ? Comment faire passer les subtilités du langage théologique en un discours compréhensible à la plupart des auditeurs ou des téléspectateurs qui utilisent un vocabulaire de base de mille mots ? Comment communiquer la joie de la résurrection sans que votre sourire paraisse artificiel et votre regard exalté ? Comment éviter les pièges de la langue de bois ou de buis, s'exprimer avec clarté, sans esquiver les questions difficiles ou agaçantes ?

Comment briser le miroir enchanté du langage autoréférentiel et du jargon, pour accepter les inconnues de la rencontre avec l'autre ?

Entrer dans l'orchestre

« Communiquer, c'est entrer dans l'orchestre », disait l'anthropologue et philosophe Gregory Bateson, l'un des fondateurs de l'école de Palo Alto aux États-Unis. « Entrer dans l'orchestre », c'est-à-dire accepter de jouer une partition, de choisir un instrument, de respecter un temps et un rythme, de se mettre à l'écoute de l'autre et de dialoguer avec lui. Exercice pas toujours facile, qui demande de l'entraînement, des connaissances, des règles de conduite, une éthique. Exercice difficile et pourtant indispensable. Car il n'y a pas de *lien social* ni de vie démocratique sans communication, sans ce jeu, cette petite musique qui permet d'établir une relation avec autrui, de se reconnaître dans le visage de l'autre, de s'ouvrir au mystère de l'altérité et, en même temps, de se retrouver comme individu.

« La vérité est symphonique », nous rappelait le grand théologien Hans-Urs von Balthasar. Mais pourquoi – et pas seulement dans l'Église – les solistes et les *prime donne* sont-ils si nombreux ? Pourquoi les dissonances, les cacophonies, les bruits étourdissants sont-ils si fréquents, jusqu'à engendrer la peur de l'autre, la haine et la guerre, ces défaites de la communication, ces triomphes narcissiques de la volonté de puissance ?

Le paradoxe de la communication est là : elle naît d'un choix, d'un geste, mais en même temps elle est bien plus que cela, bien plus que le résultat d'une décision, car nous sommes « condamnés » à la communication. Comme l'a écrit un autre auteur de l'école de Palo Alto, Paul Watzlawick, « nous ne pouvons pas ne pas communiquer ». En d'autres termes, la communication est une réalité qui ne connaît pas son contraire, puisque le refus de communiquer est déjà une forme de communication, un message lourd de sens et de conséquences.

Que nous le voulions ou pas, nous sommes obligés de faire des gammes ou de faire entendre notre musique, qu'elle soit austère et fascinante comme le grégorien, pétillante et savamment géométrique comme la musique baroque, grandiloquente comme du mauvais Beethoven, geignarde, ennuyeuse et répétitive comme certaines expériences contemporaines. Mais – Dieu merci – pour bien communiquer nul besoin d'être Bach, ni même… Offenbach. Il n'est pas indispensable d'avoir la voix de Maria Callas ou de Cecilia Bartoli ni le talent de Horowitz ou de Pollini. Il n'est pas nécessaire de chanter juste ni de jouer avec l'habileté du premier violon de la Philarmonie de Berlin. Un deuxième ou un troisième violon fera l'affaire, à condition de s'engager à fond dans l'orchestre et d'étudier sa partition, quitte à la réinventer ou à la réécrire.

Un fait social total

Comme le sentiment d'attente ou le don, dont Marcel Mauss a analysé les ressorts, la communication est un fait social total, c'est-à-dire un de ces *rocs* sur lesquels sont bâties nos sociétés. Un fait social total : en même temps physique, biologique, juridique, spirituel. Mais elle n'est pas, ou pas seulement, affaire de *trucs*, d'astuces, de ficelles plus ou moins visibles. Elle n'est pas, ou pas seulement, une technique ou un ensemble de techniques que l'on apprend lors d'un séminaire. Elle est tout cela et bien plus que cela : elle est en même temps *contenu* et *relation* ; elle a toujours ces deux visages et elle est ouverte, si elle n'est ni un simulacre ni un faux-semblant, à l'imprévu et à l'inconnu, aux impromptus (pas forcément ceux de Schubert...). Une communication sans contenu explicite, visible ou audible est une expérience qui ne dépasse pas le stade du *contact* (la fonction *phatique* dont nous parlent les linguistes) : elle se réduit à une série de *Allô !* au téléphone et de *Bonjour !* dans l'ascenseur (l'inverse étant possible, bien sûr). Mais si la communication ne se limite pas au contenu, elle ne s'épuise pas non plus dans la relation : il y a un jeu, une influence réciproque, une mise en question et une adaptation incessante de ces deux réalités, de ces deux éléments de *contenu* et de *relation*.

On peut choisir de jouer éternellement la *Cantatrice chauve* de Ionesco ou une autre pièce, de s'enivrer de banalités, de trouver dans la morne répétition de paroles et de gestes une forme d'extase ; on peut aussi se livrer au jeu des malentendus et des *quiproquo*, des incompréhensions réciproques, des équivoques qui font le bonheur des auteurs dramatiques et des spectateurs. Mais, quand on passe du théâtre de l'absurde ou de la *commedia dell'arte* à la réalité, on peut difficilement éluder la question essentielle : communiquer pour quoi faire ? À quoi bon communiquer ?

Jamais on n'a parlé autant de communication. Jamais on n'a construit autant de machines ou d'outils communicants. Jamais on n'a tressé comme aujourd'hui les louanges de Mercure, dieu de la communication, des marchands et des voleurs. La communication est l'impératif catégorique de nos sociétés post-modernes. Il faut être branchés, connectés, *on-line*, pour ne pas rater la révolution en route et profiter des bénéfices de la *net economy*. Comme si la communication était une valeur en soi, une nouvelle idéologie ou, comme l'écrit Ignacio Ramonet, une nouvelle forme de superstition[3].

À l'origine de cette frénésie, de cette anxiété de la communication il y a peut-être la peur de l'incommunicabilité, du vide ou du noir, cet *horror vacui* que notre civilisation semble craindre plus que toute autre chose. Mais il y a des raisons sociologiques et anthropologiques que l'on ne peut pas ignorer : l'espace occupé aujourd'hui par l'idéologie de la communication était jadis rempli par les célébrations de la religiosité traditionnelle ou par les grandes utopies. Les rites anciens, qui avaient la fonction de canaliser l'angoisse, de rassurer et de protéger, ont été remplacés par d'autres rites. À la place de l'*agora* ou des foyers prémodernes nous avons d'autres *agoras* (dans ce qu'on appelle le *cyberespace*), d'autres foyers. Le lien social passe aujourd'hui de plus en plus souvent par les médias, devenus désormais de puissants facteurs d'intégration. Mais le risque de la désintégration, de la rupture du lien social, en un mot de ce que les sociologues appellent l'*anomie* est toujours là et il devient même plus fort.

Il ne s'agit pas de raviver la vieille querelle entre ceux que Umberto Eco appelait dans un livre célèbre les *apocalyptiques* et les *intégrés* [4], les premiers étant ceux qui dénoncent la perversité intrinsèque des médias et les seconds ceux qui ne considèrent que les aspects positifs de ces mêmes médias. Il ne s'agit pas non plus de dénoncer avec virulence « les mécanismes de la censure invisible qui s'exerce sur le petit écran » ou de montrer les médias comme des forces puissantes de banalisation du réel [5].

Il s'agit de souligner l'ambivalence des médias. Car, tel Janus, ils ont toujours deux visages : celui de « violeurs de foule » et celui d'instruments démocratiques ou de facteurs d'intégration.

Mais nous y reviendrons.

Un nouveau mythe ?

Dans notre monde câblé, dans nos villes espionnées par des centaines de satellites, dans les places envahies de messages de tout type, la frénésie de communiquer cache souvent l'angoisse de la solitude, la peur d'être coupé des réseaux qui comptent, relégué aux marges de l'univers de ceux qui produisent, consomment et… communiquent. Le succès d'Internet et des autoroutes télématiques est le signe de cette nouvelle anxiété et, en même temps, le symptôme d'un malaise. La toile d'araignée géante (World

Wide Web), le réseau qui permet de connecter tous les ordinateurs de la terre, a fait renaître le rêve d'une plus juste distribution des connaissances, d'une communication planétaire qui ne soit pas dominée par les grands groupes industriels. Mais comment ne pas voir – à côté des avantages indéniables et des énormes potentialités d'Internet ou des autoroutes télématiques – le revers de la médaille ? Comment ne pas voir dans les triomphes de la communication un changement de culture, de paradigme anthropologique ?

Parmi les effets de la mondialisation (que nous analyserons dans le chapitre suivant) il y a ce changement majeur qui concerne notre perception de la réalité, une perception différente de l'espace et du temps. Désormais, « nous sommes tous à 72 000 km de notre voisin de palier puisque les machines qui nous relient peuvent à l'occasion faire un saut *via* un des satellites qui patrouillent sur nos têtes »[6]. Mais si « communiquer » est le nouveau verbe, le nouveau mot d'ordre, il ne suffit pas de s'interroger sur le « comment », comment communiquer pour être persuasifs, efficaces, séduisants. Il ne suffit pas d'inventer de nouveaux instruments, si notre vie – comme celle des *otaku*, les jeunes adeptes d'un mouvement japonais – doit se dérouler devant l'écran d'un ordinateur, nuit et jour, sans exceptions.

Comme le remarque Maurice Bellet[7], il n'y a rien de plus humain que la communication : mais communication de *quoi*, de quel contenu, de quel message ?

Tout progrès est superficiel ou illusoire si communiquer veut dire simplement « me voici », « j'existe », « je suis là », car communiquer n'est pas seulement chercher un contact, mais établir une relation : c'est rendre le monde commun, créer des liens, des occasions de rencontre et de partage.

Bien avant l'« explosion » actuelle, Michel de Certeau remarquait que « la communication est le mythe central de nos sociétés partagées entre le développement de la circulation et l'atomisation »[8]. Un mythe qu'il considérait à l'égal de ce que fut le « salut » pour le Moyen Âge ou l'« éducation » pour les Lumières.

La mondialisation a désormais accéléré le processus. Il y a une emphase de la mobilité et même une idéologie du mouvement ou du « bougisme » qui font partie des discours dominants, de l'air du temps : il faut bouger, circuler, voyager, échanger des choses ou des connaissances, sous peine d'être exclus du monde du travail ou des réseaux qui comptent. De l'autre côté – comme le remarquait M. de Certeau – « notre organisation sociale ne cesse d'éparpiller, de fragmenter groupes, individus et traditions, en défaisant la logique interne qui structurait d'anciens savoirs, un usage des relations, une langue de l'ordinaire et de la mémoire propre à habiter les gestes et les mots »[9].

Dans cette situation, les chrétiens ont peut-être un mot à dire. Pour montrer tout d'abord qu'il faut soustraire la communication à l'emprise de l'idéologie techno-marchande. Et pour ne pas oublier que la communication véritable est toujours communication d'un visage, d'un « je » et d'un « tu », elle est parole, écoute, dialogue qui se nourrit de silences.

Entre l'écueil de l'emphase technocratique sur les bienfaits de la communication et celui de la nouvelle atomisation sociale, il s'agit peut-être de risquer une parole qui brise le cercle enchanté des fausses oppositions et des malentendus entre l'Église et les médias. Mais il s'agit aussi de montrer la joie de la communication, la joie – comme l'écrit Joseph Caillot[10] – « de participer à la création de notre liberté commune ».

Malgré un tableau souvent assez sombre, malgré les nouvelles disparités que nous voyons apparaître entre ceux qui ont accès aux moyens de communications et ceux qui ne l'ont pas, tel est « le pari qu'il convient de tenir et de gagner »[11]. Tel – comme semble le suggérer le petit personnage de la chapelle *Redemptoris Mater* avec son ordinateur – est l'enjeu : la joie, et non pas – ou pas seulement – l'accumulation de savoirs et de techniques de plus en plus sophistiquées.

Notes

1. Enzo Bianchi, *Les mots de la vie intérieure*, Paris, Le Cerf, 2001, p. 143-144.

2. In Gérard Defois – Henri Tincq, *Les médias et l'Église. Évangélisation et information : le conflit de deux paroles*, Paris, éditions Cfpj, 1997.

3. Voir Ignacio Ramonet, *La Tyrannie de la communication*, Paris, Galilée, 1999.

4. Umberto Eco, *Apocalittici e integrati*, Milano, Bompiani, 1964.

5. Voir Pierre Bourdieu, *Sur la télévision*, Paris, Liber éditions, 1996.

6. François Mahieux, « L'explosion de la communication », in *Jésus. Les cahiers du libre avenir*, n° 102, septembre 1999, p. 4.

7. Maurice Bellet, *L'Europe au-delà d'elle-même*, Paris, Desclée de Brouwer, 1996.

8. Michel de Certeau (avec Luce Giard), « Une musique nécessaire », in *La prise de parole et autres écrits politiques*, Paris, Le Seuil, 1994, p. 165.

9. *Ibidem.*

10. Joseph Caillot, *L'Évangile de la communication*, Paris, Le Cerf, 1988, p. 33.

11. *Ibidem.*

CHAPITRE 2
LES ÉCRANS DE LA MONDIALISATION

« Baby Kochamma avait installé une antenne parabolique sur le toit de la maison. Depuis son salon, elle présidait aux destinées du Monde par satellite. L'incroyable excitation que générait pareil phénomène chez Baby Kochamma n'était pas difficile à comprendre. Loin de s'être installé progressivement, il s'était produit d'un coup, du jour au lendemain. Blondes explosives, guerres, famines, football, sexe, musique, coups d'état, tout était arrivé en vrac par le même train. » [1]

Arundhati Roy

Al-Jazira ou CNN ? Djihad ou McWorld ? L'hésitation dure quelques instants, puis sur l'écran défilent les images des autres centaines de télévisions diffusées par satellite. Il suffit de peu pour être saisi de vertige.

Devant son poste de télévision, désormais chacun peut revivre l'expérience de l'héroïne d'Arundhati Roy, qui d'un jour à l'autre abandonna son jardin et les soins qu'elle lui prodiguait pour regarder dans sa maison indienne *Amour, gloire et beauté* et *Santa Barbara* ou voir défiler « les guerres, les famines, les massacres et Bill Clinton, comme autant de domestiques qu'un claquement de doigts suffit à faire apparaître ».

Parmi les multiples effets de la mondialisation, ceux qui concernent les médias sont sans aucun doute les plus visibles : les mêmes messages et les mêmes personnages circulent de New York à New Delhi, de Sidney à Rome ou à Paris, aplatissant sous le rouleau compresseur des usines à rêves occidentales les cultures locales, les habitudes, les codes de comportement et les valeurs de chaque pays.

Le « village global », déjà annoncé par Marshall McLuhan dans les années 1960, est peut-être une illusion : comment expliquer autrement l'explosion des nationalismes et des fièvres identitaires qui se manifestent un peu partout ? Mais l'on est obligé de constater que beaucoup de barrières sont tombées grâce aux nouvelles technologies de l'information et de la communication et à l'avènement de la société en réseaux.

Comme l'ont bien compris Ben Laden et ses complices, désormais, grâce à la caisse de résonance des médias, un même fait peut avoir des répercussions planétaires et susciter des réactions en chaîne dans le monde entier. À la mondialisation des échanges, à la libre circulation des marchandises dans la *global market place* on doit ajouter maintenant la mondialisation de la terreur.

L'affrontement entre fondamentalismes religieux et idéologie du marché planétaire prend une nouvelle ampleur. Mais sur un point, comme l'écrivait en 1998 Benjamin R. Barber au sujet des intégristes iraniens, McWorld – le monde uniformisé des McDonald's et de l'idéologie de la consommation – fait mieux que ses adversaires : les intégristes « ont peut-être une oreille tendue vers les mollahs qui les exhortent à la guerre sainte, mais l'autre est tournée vers Star Television, la chaîne de M. Rupert Murdoch retransmettant pour la énième fois par satellite des épisodes de *Dynastie* »[2].

Sans sous-estimer le danger des fanatismes religieux – surtout après le 11 septembre 2001 –, Barber dénonce les ravages de ce qu'il appelle la « vidéologie », une idéologie qui « réduit la culture à l'état de denrée » et qui rêve de transformer le monde en un parc à thème géant, où l'on ne vit que pour consommer des produits standardisés[3].

Plus sournoise et plus insaisissable que les idéologies traditionnelles, la « vidéologie » transforme « les rapports de force en force de séduction », en s'appuyant sur des publicités et des films, comme *Le Roi Lion, Jurassic Park* et *Titanic*, qui sont « de véritables machines à commercialiser de la nourriture, de la musique, des vêtements et des jouets ».

La cible du politologue américain est l'idéologie du marché tout-puissant, une idéologie qui favorise le tribalisme, car « les marchés sont contractuels plutôt que communautaires », « ils offrent des produits durables et des rêves éphémères, mais ne créent pas d'identité ou d'adhésion collective » et sans le vouloir ils poussent les individus à trouver refuge dans des groupements identitaires non démocratiques.

Selon Barber, Djihad et McWorld se nourrissent l'un de l'autre, sont les deux visages d'une mondialisation qui ne laisse plus beaucoup d'espace aux citoyens et à leur liberté de choix.

À Seattle, puis à Porto Alegre et ailleurs, ces thèses ont fourni un bon argumentaire à ceux qui dénoncent les effets pervers d'une mondialisation qui au lieu de réduire les inégalités semble les accroître et qui alimente tous les fantasmes et toutes les peurs pour notre avenir (organismes génétiquement modifiés, dérapages dans la recherche scientifique, nivellement et homologation des cultures locales...).

Effet et cause de la mondialisation, les médias à leur tour suscitent l'inquiétude par leur tendance à envahir toutes les sphères de la vie, à s'imposer comme seul et unique prisme du réel, miroir à travers lequel observer la réalité, comme si nous étions réduits, sans le savoir, à vivre dans l'éternel noir et blanc d'une mauvaise *sit-com*, comme les héros du film de Gary Ross, *Pleasantville* (1998).

Mais les médias, malgré la tendance à l'uniformisation, ne sont pas ce bloc monolithique peint par certains. Désapprouver leur intrusion, protester contre leurs excès, faire la grève de la télécommande au moins une fois par semaine, se battre contre le vacarme ou la pollution visuelle, c'est essentiel mais cela ne suffit pas. Il vaut mieux essayer de comprendre. Comprendre comment ils fonctionnent, en ce début d'une révolution majeure, celle du numérique, qui promet d'être au XXIe siècle ce que l'usine était à l'époque de la révolution industrielle [4].

Oublions les « apocalyptiques » et les « intégrés », les médias-phobes et les médias-enthousiastes : pour avancer il est peut-être plus utile de démonter le jouet, de mettre à nu les rouages d'une information à sens unique, de s'interroger sur la fonction réelle de toutes les pièces de la mosaïque médiatique, à commencer par le poids des géants de la communication et sans oublier les conséquences de la révolution technologique en marche (qui est le plus important tournant technologique du système des médias après l'invention de l'imprimerie).

Les nouveaux maîtres du monde

Depuis plusieurs années nous assistons, dans le monde de la communication, à une véritable course au gigantisme à coup de milliards de dollars : une course dans laquelle tout est permis, car l'enjeu est la domination d'un marché énorme, qui concerne aussi bien le cinéma, la télévision numérique, l'édition musicale (et ses nouvelles formes de distribution, par Internet), la presse écrite et les nouveaux médias. Les fusions se multiplient, en contribuant à uniformiser l'univers de la communication et à standardiser les messages qui circulent d'un pays à l'autre de la planète.

Aol Time Warner, Vivendi Universal, News Corp. (la société de l'Australien Rupert Murdoch), Walt Disney et très peu d'autres sociétés dominent le club très exclusif des producteurs de rêves et d'informations.

Selon le *Rapport mondial* que l'Unesco consacre périodiquement à l'état de santé de la communication, « les alliances visant à contrôler à la fois la production de contenu et toutes les formes de supports de diffusion sont presque devenues la règle de l'industrie de l'information et du divertissement » [5]. Et comme si ce n'était pas suffisant, « non seulement le nombre des grands joueurs diminue mais la concurrence à laquelle se livrent ces géants est nuancée par des prises d'intérêts croisés » [6]. Conclusion : il devient de plus en plus difficile d'échapper à l'influence du nouveau « complexe médiatico-industriel », même si son réel pouvoir en ce qui concerne l'information est contrecarré par la concurrence entre les médias les plus puissants et par l'existence de nombreux contre-pouvoirs (médias alternatifs, associations de citoyens, organisations non-gouvernementales, réseaux télématiques...).

Un des enjeux les plus importants de la bataille de la communication est celui des technologies numériques. De nouveaux satellites inondent la planète d'images, de nouveaux *network* apparaissent, la télévision digitale gagne du terrain, le réseau du futur s'installe. Et pour les géants de la communication, malgré les premiers signes de crise de la *net economy* (due essentiellement à la surestimation des possibilités du commerce électronique), il est indispensable de décrocher des brevets, de conquérir de nouveaux espaces, de nouveaux marchés.

Mais les changements ne concernent pas seulement l'économie au sens strict du terme. Ils concernent notre conception de l'homme et de la vie en société, notre sensibilité, nos choix, nos habitudes.

L'extase de la vitesse

Grâce au développement des technologies de l'information, une nouvelle société est en train de naître : société globale où les catégories traditionnelles de distance et de temps sont subverties au profit de la logique des *flux*, de la libre circulation des informations d'un bout à l'autre de la planète. C'est le triomphe d'un temps qui ressemble de plus en plus à un éternel présent. Échanges boursiers en temps réel, transactions de toute sorte, transmissions de données à très grande vitesse : tout se fait d'un *clic*.

Un mot résume à lui seul le sens de ce qui est en train de se produire : vitesse, notre nouvelle idole. « La vitesse », écrit Milan Kundera, « est la forme d'extase dont la révolution technique a fait cadeau à l'homme »[7]. Un cadeau ou un don qui est en même temps – comme le veut la racine du mot *gift* – un poison. Celui que l'on appelait « l'homme pressé », Paul Morand, le disait clairement : la vitesse « est loin d'être toujours un stimulant ; elle est aussi un déprimant, un acide corrosif, un explosif dangereux à manier, capable de faire sauter non seulement nous-mêmes, mais l'univers entier avec nous, si nous n'apprenons à le connaître et à nous défendre » [8].

Or, « vitesse » et « progrès » sont depuis toujours strictement liés. « Chez les Américains l'une ne va pas sans l'autre. *To progress*, avancer », ajoutait Morand [9]. Toutes les étapes les plus importantes du développement économique ont été marquées par une accélération de la vitesse, depuis l'Antiquité (avec les navires et la chevalerie) jusqu'à nos jours (automobiles, avions, TGV). Mais cette tentative d'anéantir l'espace par le temps prend avec la société de l'information une tournure différente.

Ce qui importe, le plus souvent, ce n'est pas de se déplacer physiquement, mais d'agir à distance, d'intervenir et de contrôler une société, un projet, des investissements boursiers à l'autre bout du monde, sans bouger de son fauteuil. Téléphones par satellite, vidéoconférences par Internet, *chat lines* imposent une nouvelle conception du temps et donnent l'illusion de l'ubiquité.

« Je veux vivre dans un Grand Ici et un Long Maintenant », écrit le musicien Brian Eno. Un « Long Maintenant », c'est-à-dire un temps sans épaisseur, sans passé et sans avenir, sans histoire. Un « Grand Ici », c'est-à-dire un espace qui ne connaît pas de barrières ni de distances : un temps et un espace virtuel, au bord de l'éternité [10].

« Télé », le suffixe de mots comme « téléphone », « télévision » ou « télécommande » ne signifie rien d'autre que « lointain, à distance ». Pourtant c'est cette distance spatio-temporelle que la révolution technologique tente d'annuler et de nier en poursuivant le mythe du direct, du « Grand Ici » et du « Long Maintenant », sans barrière et sans inutile médiation.

Avec cette tentative d'abolition de la « distance » nous entrons dans une nouvelle phase de l'histoire des médias : une phase marquée par le rêve de l'immédiateté, c'est-à-dire, en définitive, par la négation de tout ce que le mot « médium » implique (comme médiation, choix, discernement...). Mais n'allons pas trop... vite : sans distance, il n'y a pas de réflexion possible, de progrès réel. C'est la distance qui nous fait avancer. Et qui nous permet de comprendre quelles sont les limites de l'électronique ou les risques qu'elle fait courir à la démocratie. C'est la distance qui nous permet d'analyser les différentes composantes de l'univers médiatique, sans tomber dans les pièges des conclusions hâtives ou des généralisations arbitraires. Ou, pire, des explications trop faciles et souvent fausses sur le rôle pernicieux des médias.

L'effet tam-tam

Comme nous venons de le voir, le « champ » des médias est le terrain d'un jeu dans lequel s'affrontent, parfois avec une rare violence, des intérêts contradictoires. Mais voilà un autre paradoxe : dans ce terrain, malgré les affrontements, chaque médium est dans un rapport de complicité ou de dépendance avec les autres médias. Certes, radio, télévision, cinéma et journaux exercent des fonctions différentes, ils utilisent des langages différents, ils s'adressent à des publics différents, mais ils le font dans les limites et le conditionnement d'une fondamentale et réciproque solidarité. De cet élément structurel naît *l'effet tam-tam* ou ce que certains appellent « la circulation circulaire » de l'information [11]. Les médias parlent entre eux et les faits rebondissent de la radio aux journaux, à la télévision et vice versa comme dans une espèce de circuit fermé où l'important ce n'est pas en premier lieu d'informer les lecteurs ou les téléspectateurs mais de publier les mêmes informations que les concurrents-alliés.

Comme le dit la chanson, les vicomtes parlent aux vicomtes et nos médias parlent à d'autres médias. Il suffit de feuilleter n'importe quel quotidien pour retrouver, entre deux commentaires, des pages et des pages d'informations qui sont l'écho d'autres informations.

Malgré les apparences, le monde réel occupe rarement la première place dans les médias. Prisonniers du mythe d'Écho et de Narcisse, les journaux et la télévision sont follement amoureux de leur propre image, incapables de rompre le miroir dans lequel, jour après jour, ils se contemplent, incapables de prononcer des mots qui ne soient pas l'écho ou la répétition d'autres mots.

Cet *effet tam-tam* est renforcé par le fait que le plus souvent les journaux et la télévision puisent à la même source : les grandes agences de presse.

Combien y a-t-il dans le monde entier de quotidiens réellement et totalement autonomes par rapport aux agences ? Vingt ou trente, tout au plus : pour les autres, c'est-à-dire la très grande majorité, les agences sont les premiers fournisseurs de nouvelles. Déjà en 1840, Balzac mettait en garde ses lecteurs contre le pouvoir exorbitant des agences de presse : « le public croit qu'il y a beaucoup de journaux mais, en fait, il n'y en a qu'un… Chacun peint en blanc, en vert, en rouge ou en bleu la nouvelle que lui envoie Monsieur Havas ». S'il en était ainsi au XIXe siècle, les choses n'ont pas tellement changé aujourd'hui. Les pigeons voyageurs et le télégraphe ont été remplacés par les satellites, la télématique et autres outils électroniques. Mais le poids des agences est toujours disproportionné. Charles-Louis Havas, fondateur en 1835 de la première agence de presse, ancêtre de l'AFP, a eu de nombreux émules. Plus de soixante-dix pour cent des informations publiées tous les jours par nos quotidiens ont à leur origine une dépêche d'agence. Articles, photos, infographies, reportages télévisés ou radiophoniques : désormais les agences offrent de tout. Chaque jour, un flot de plusieurs millions de mots, emmagasinés dans de puissants ordinateurs, se déverse dans les rédactions de l'Occident. Un fleuve d'informations qu'il faut peser, endiguer et classer dans des rubriques prédéfinies pour tenter de mettre de l'ordre dans le chaos et séparer le bon grain de l'ivraie.

Si tel est le poids des agences de presse écrite et audiovisuelle, il ne faut pas s'étonner de l'impression de « déjà vu » qui nous saisit parfois à la lecture de nos journaux ou devant l'écran de la télévision. Il ne faut pas s'étonner non plus de certains silences, des vides, des zones d'ombre, des informations sous-estimées.

Et pourtant le vrai danger est là, non pas dans la déformation et la manipulation délibérées, beaucoup plus rares que ce que l'on croit, mais dans les mécanismes qui font privilégier certaines informations et en ignorer d'autres, dans les conformismes qui poussent à l'autocensure, dans la recherche du sensationnel à tout prix.

« Ne cherchez pas le faux *dans* l'information : il y est rarement. Il préfère se loger dans ses silences, dans la façon de montrer ou de cacher, de taire ou de raconter », écrit un journaliste qui se cache, lui, sous le pseudonyme de Jimmy Caution [12].

Si cela est vrai, il vaut mieux s'interroger non pas sur ce qu'il y a dans les infos, mais sur ce qu'il n'y a pas ; non pas, ou pas seulement, sur les trucages et les « bidonnages » délibérés, mais sur cette manipulation plus subtile qui consiste à cacher en montrant et à noyer dans un flot de nouvelles insignifiantes l'information vraiment importante.

La société de l'amnésie

À l'heure d'Internet et des nouvelles technologies de l'information, le « trucage » prend une forme inédite : la censure additive, une censure non pas par soustraction, mais par addition, par accumulation.

Selon des estimations crédibles, le nombre d'informations que peut recevoir Monsieur Tout-le-monde double tous les cinq ans. Comment analyser une telle masse de données ? Comment s'orienter parmi les « tonnes » d'annonces, de messages, de communiqués ? Comment ne pas être victime de la censure additive ?

Avant la multiplication des sources d'information (un bien en soi, il ne faut jamais l'oublier), il y avait deux formes de censure : le secret militaire et l'interdiction d'œuvres, d'écrits ou de films considérés comme dangereux ou contraires aux bonnes mœurs. Maintenant nous faisons l'expérience de cette version plus moderne de censure : une censure « démocratique » qui ne cache pas l'information mais la noie dans un chaudron d'événements insignifiants, parmi les scories de l'histoire. Et le paradoxe ou le revers de la médaille est que l'accumulation de « connaissances inutiles » favorise l'amnésie : contrairement au personnage de Borges, « *Funes el memorioso* », condamné à tout mémoriser, y compris les détails les plus insignifiants, nous vidons très vite notre mémoire, comme l'on vide – disait Serge Daney – la mémoire vive d'un ordinateur quand on l'éteint.

Qui se souvient de la Somalie, du Timor ou du Rwanda ? À combien de conflits les journaux ne consacrent-ils aucune place, même pas deux lignes dans les « brèves » ? Qui parle des victimes de la faim, de la misère ou du SIDA dans le continent africain ?

Passée l'émotion, oublié le choc des photos, ces pays et ces hommes retombent dans l'oubli. Car les conflits régionaux, les famines, les épidémies sont considérés par l'ensemble des médias comme des « catastrophes douces » et donc pas suffisamment « médiatiques » (comme si les catastrophes pouvaient être « douces », comme si ce « couplage » de deux mots contradictoires – ce qu'on appelle un « oxymoron » – pouvait expliquer, à lui seul, cette censure).

Notre amnésie ou, plutôt, notre distraction est terriblement sélective : selon une étude réalisée par des sociologues américains, « les épisodes de famine qui ont frappé l'Afrique, en 1992, ont commencé à attirer l'attention des médias lorsqu'on a su que les éléphants en mouraient aussi » [13].

Il fallait les éléphants, car la mort de femmes et d'enfants (trop « douce », peut-être) ne suffisait pas : le culte de l'émotion, qui semble caractériser nos sociétés médiatiques, connaît de ces mystères et de ces excès.

Mais il y a d'autres raisons qui peuvent expliquer en partie ce déséquilibre dans le traitement de l'information entre Nord et Sud du monde.

Reuter, Associated Press, United Press International, Agence France Presse, les plus importantes agences de presse sont occidentales. Comme le sont également les agences d'images qui inondent nos foyers, à commencer par la célèbre CNN (Cable News Network). Notre information est à sens unique. Que savons-nous de l'Afrique, d'une grande partie de l'Asie, de l'Amérique latine ? Uniquement ce que nous apprennent les médias occidentaux : une guerre (mais, comme nous venons de le voir, pas toujours), une catastrophe naturelle ou un terrible incendie au Pérou et pas grand-chose d'autre.

La conclusion de toutes les études, depuis plus de trente ans, est toujours la même : il y a, entre les pays occidentaux et le tiers-monde, un déséquilibre quantitatif qu'aucune réforme jusqu'à présent n'a réussi à corriger : les pays du Sud reçoivent infiniment plus d'informations sur le premier monde qu'ils ne lui en adressent [14].

Les causes de ce déséquilibre sont multiples, mais il suffit de regarder les données publiées par l'UNESCO en 2000 et tout devient clair : non seulement les grands producteurs de « contenus », de programmes audiovisuels ou de cinéma, mais aussi les dix sociétés qui dominent le marché des technologies de la communication appartiennent au Nord du monde [15].

Le tiers-monde, entre autres maux, est victime de cette limite structurelle : l'industrie des médias s'est développée en Europe et en Amérique et a adopté dès le début une culture et des modèles de comportement occidentaux. Et l'écart risque encore de s'aggraver, car le champ des médias reproduit sur une autre échelle les rapports de force qui régissent les échanges économiques entre pays industrialisés et non industrialisés. « Que ce soit au niveau des infrastructures ou de la production d'information, les disparités sont de plus en plus marquées », constate le *Rapport mondial sur la communication et l'information*. « Il y a aujourd'hui plus de lignes téléphoniques dans la seule île de Manhattan que dans tout le continent africain ; seule la moitié des foyers de l'Afrique du Sud ont l'électricité... » [16]

Les chantres du village global et des merveilles d'Internet ne peuvent pas oublier cette réalité, même si – comme l'écrit Pierre-André Taguieff – « dans la société sans frontières des réseaux, l'optimisme intégral est la seule morale et l'unique dogme religieux » [17].

Un contexte mouvant

Un tableau trop sombre ? Peut-être. Mais méfions-nous, encore une fois, des conclusions hâtives : dans nos sociétés démocratiques, les médias ne sont pas la forteresse inexpugnable ou la machine de guerre que décrivent tant de romans ou d'essais à la saveur vaguement apocalyptique ; fort heureusement, le *Big Brother* de George Orwell n'est qu'un cauchemar littéraire ou une mauvaise émission de variété.

Malgré les risques d'une « nouvelle forme de despotisme symbolique » ou d'un « totalitarisme communicationnaire », dénoncés par certains [18], comment ne pas voir les innombrables espaces de liberté, les expériences nouvelles, les tentatives d'imprimer une autre direction au développement de la planète ?

De la même manière que l'optimisme intégral, le pessimisme systématique peut être un leurre ou un piège : un piège qui empêche d'opérer les distinctions nécessaires entre les différents médias, de saluer les tentatives de résistance à l'homologation culturelle, la recherche de nouveaux styles et de nouveaux langages.

Et puis il ne faudrait jamais oublier que les mécanismes de la réception sont fort heureusement très complexes et que le public, le spectateur ou le lecteur ne sont pas une éponge prête à absorber, sans filtre, n'importe quel message. Comme le fait remarquer Daniel Bougnoux, « chacun regarde la télévision avec ses propres lunettes [...] et cette complexité de la réception devrait tempérer les craintes toujours ressassées de la "manipulation des masses par les écrans" »[19].

Le monde de la communication – nous l'avons vu – bouge à très grande vitesse et son mouvement oblige non seulement les marchands mais aussi les grandes institutions à réviser leurs stratégies et leurs objectifs.

Dans ce contexte mouvant de la mondialisation médiatique, il y a en particulier pour les Églises, de nombreux chemin à parcourir, des pistes à explorer, des possibilités qui s'ouvrent, des défis à relever. Mais nous verrons cela dans le prochain chapitre.

Notes

1. Arundhati Roy, *Le Dieu des Petits Riens*, Paris, Gallimard, 1998, p. 50.
2. Benjamin R. Barber, « Culture McWorld contre démocratie », in *Le Monde diplomatique*, août 1998, p. 14.
3. Voir B. R. Barber, *Djihad versus McWorld. Mondialisation et intégrisme contre la démocratie*, Paris, Desclée de Brouwer, 1996.
4. Voir à ce sujet la somme de Manuel Castells, *La société en réseaux. L'ère de l'information* (vol. I), Paris, Fayard, 2001 (deuxième édition).
5. Jean-Paul Marthoz, « La liberté des médias », dans le *Rapport mondial sur la communication et l'information*, Unesco, 1999-2000, p. 81.
6. *Ibidem.*
7. Milan Kundera, *La lenteur*, Paris, Gallimard, 1995, p. 10.
8. Paul Morand, « De la vitesse », in *Chroniques 1931-1954*, Grasset, 2001, p. 84-85.
9. *Ibidem*, p. 85.
10. Cf. Manuel Castells, *op. cit.*, p. 565-573. Voir aussi Paul Virilio, *La vitesse de libération*, Paris, Galilée, 1995.
11. Cf. Pierre Bourdieu, *Sur la télévision*, Paris, Liber éditions, 1996.
12. « Les nouvelles sont bonnes ? Oui, elles sont fausses », in *L'ère du faux* (sous la direction de Pascale Froment et Brice Matthieussent), Paris, Autrement, 1986, p. 69.
13. Greg Philo, « L'audimat n'aime pas le Sud », in *Webworld* (bulletin de l'Unesco) 27 novembre 2001, accessible à l'adresse : www.unesco.org/webworld.
14. *Ibidem.*
15. *Rapport mondial sur la communication et l'information, op. cit.*
16. Jean-Paul Marthoz, « La liberté des médias », art. cit., p. 85.
17. Pierre-André Taguieff, *Résister au bougisme. Démocratie forte contre mondialisation techno-marchande*, Paris, Mille et une nuits, 2001, p. 83.
18. *Ibidem*, p. 91.
19. Daniel Bougnoux, *La communication contre l'information*, Paris, Hachette, 1995, p. 88.

CHAPITRE 3

VERTIGES DU NUMÉRIQUE : L'ÉGLISE ET LES NOUVEAUX MÉDIAS

« L'ère de l'impulsion cédait la place à l'ère de la tonalité. L'ère de l'analogique (mais aussi celle de la richesse du langage, de l'analogie) cédait la place à l'ère du numérique, la victoire finale du mathématique sur l'alphabétique. [...] Quel est l'équivalent numérique de "belle" ? se demanda-t-il. » [1]

Salman Rushdie

Un clic. C'était le 22 novembre 2001. D'un geste désormais familier à des millions d'internautes, Jean-Paul II envoyait par *e-mail* l'exhortation apostolique *Ecclesia in Oceania* aux fidèles dispersés dans les différents diocèses du continent océanien : plus simple et beaucoup plus rapide que le courrier traditionnel.

Bientôt viendra le temps des encycliques télématiques. Et ce premier clic, annonciateur d'une nouvelle époque, pourra être classé à côté d'autres événements historiques, comme la première encyclique imprimée ou le premier message radio.

L'Église sait que « les changements technologiques rendent rapidement les moyens de communications encore plus persuasifs et puissants » et que ce serait une erreur de s'en tenir à l'écart [2]. Son attitude vis-à-vis des moyens de communication sociale se veut « positive et encourageante », car elle considère ces nouveaux instruments « non seulement comme des produits du génie humain, mais également comme d'immenses dons de Dieu et de véritables signes des temps » [3].

Nous sommes loin des anathèmes du passé contre les médias accusés de pervertir les masses et de les détourner de la vraie foi : l'eau du Concile a coulé en abondance sous les ponts du Vatican. Du décret conciliaire *Inter mirifica* (1963) jusqu'à l'instruction *Aetatis novae* (1992) et aux deux textes du Conseil Pontifical pour les communications sociales, *L'Église et Internet* et *Éthique en Internet* (2002), le ton des plus récents documents officiels est résolument optimiste. Mais cette approche ne peut cacher les inquiétudes et les zones d'ombres qui accompagnent le développement des médias et les nouveaux paradigmes anthropologiques, les changements de culture et de mentalité : à côté des merveilles, comment ne pas voir les contradictions de la *net economy* et de l'idéologie qui s'y rattache ?

L'optimisme ne peut pas cacher non plus la nécessité de comprendre codes et langages de ces nouveaux instruments et de s'interroger sur leur pouvoir, car les médias, comme l'a montré Marshall McLuhan, ne sont jamais neutres : ils façonnent le message, imposent leurs règles, leurs rythmes, leur mise en scène, jusqu'à se transformer eux-mêmes en message [4].

Pour comprendre les enjeux de la révolution en cours, il y a donc une autre attitude, un autre chemin que l'on peut suivre, entre l'exaltation des possibilités offertes par Internet et la dénonciation des dangers liés au développement des nouvelles technologies : le chemin de l'analyse critique, au-delà des généralisations trompeuses et des stéréotypes les plus tenaces.

Hic sunt leones : *les nouvelles frontières de l'évangélisation*

Comme les terres de mission de jadis, ces continents mystérieux et dangereux que les anciens cartographes désignaient par l'expression *Hic sunt leones* (« ici il y a les lions »), les nouveaux médias sont encore aujourd'hui une gigantesque *terra incognita*, un territoire qu'il s'agit d'explorer pour en connaître les multiples recoins et en comprendre les rites, les codes, les logiques. L'inculturation de la foi est à ce prix, car elle ne concerne pas seulement des peuples lointains, des cultures éloignées ; elle concerne aussi ces nouveaux territoires, les zones mystérieuses de ce que l'on appelle le *cyberespace*, l'espace d'Internet et de la réalité virtuelle.

Si Internet et les autoroutes de l'information sont les *agoras* du XXIe siècle, quelle parole risquer, quel langage utiliser pour que l'Évangile soit proclamé d'une façon crédible ? Quelle annonce de la foi et selon quelles modalités, quel style, quelle grammaire écrite ou visuelle ? Et encore : comment transformer le réseau en lieu non seulement d'échanges, mais de partage ?

La réponse des chrétiens oscille trop souvent entre la proposition de textes, de documents, de services multiples sur l'histoire et la vie de l'Église, et la simple présence, la « vitrine » sur les différents organismes, congrégations, mouvements. À l'image de l'immense chaudron du Net, où l'on trouve désormais tout et n'importe quoi, les essais généreux et brouillons côtoient les réalisations d'une très grande qualité professionnelle. Mais ce n'est qu'un début. Malgré ces tâtonnements, nous voyons petit à petit se dessiner les contours d'un véritable diocèse télématique *in partibus infidelium*, un diocèse sans évêque, sans instance de régulation reconnue par tous, sans *webmaster* planétaire, un diocèse d'une très grande vitalité et créativité, mais qui peine à offrir un visage homogène, à écarter les dangers de l'éparpillement ou de la dispersion.

Rien de plus facile désormais que de retrouver par quelques clics les documents récents de l'Église. Je dis bien « récents », car si vous cherchez des textes plus anciens – par exemple, de Paul VI – vous n'aurez pas la même chance.

Rien de plus facile que d'être informé sur les multiples initiatives des diocèses et des conférences épiscopales : vous pouvez faire par là l'expérience de la réelle catholicité de l'Église, de sa grande variété de traditions, de coutumes, de rites, une Église *circumdata varietate*, entourée de réalités différentes, selon la vieille définition toujours d'actualité.

Vous pouvez même vous arrêter pour un temps de prière, célébrer la liturgie des heures en suivant les textes à l'écran (sur le site des bénédictins : www.universalis.com, en anglais), partager la prière des moines du Mont-des-Cats (www.abbaye-mondescats.com), méditer sur un texte ou sur une œuvre d'art et recevoir par *mail* différentes propositions de prière, en vous inscrivant aux retraites de Notre-Dame du Web (www.ndweb.org), remarquable site de spiritualité ignatienne.

Les possibilités de ressourcement sont multiples et souvent d'une grande richesse spirituelle. Mais on voit bien que les sites les plus attrayants, ceux qui permettent de transformer chaque visite en occasion de découverte, d'étonnement ou d'approfondissement, sont ceux qui savent tirer le meilleur parti des langages, des codes et des contraintes du Web, qui savent soigner en même temps le graphisme, les liens hypertextuels et le contenu. Car il ne faut pas oublier que comme tous les autres médias l'Internet aussi a son langage et sa grammaire : une page du Web ne s'écrit pas (et ne se lit pas) comme la page de ce livre que vous avez devant vous ou comme n'importe quelle page de journal. Chaque lien hypertextuel ouvre de nouveaux horizons, selon un parcours qui peut avoir de multiples variantes et qui exige une organisation du savoir selon des catégories nouvelles. « Alors que la lecture du livre est placée sous le signe de la durée et d'une certaine continuité, celle de l'hypertexte », écrit Christian Vandendorpe, « est caractérisée par un sentiment d'urgence, de discontinuité et de choix à effectuer constamment » [5].

Délices de l'hypertexte

L'hypertexte est, comme son nom l'indique, un texte à l'énième puissance, un texte structuré non plus d'une façon linéaire, du premier au dernier chapitre, mais selon le jeu des associations, souvent arbitraires, proposées par les auteurs. D'où un bouleversement de nos habitudes de lecture. D'où ce « sentiment d'urgence » qui nous saisit devant chaque page.

Butiner, papillonner, *surfer*, chasser : ces attitudes caractérisent désormais les internautes [6]. On butine, faisant son miel de chaque trouvaille. On papillonne d'un site à l'autre, sans but préétabli. On *surfe* sur les pages, sans jamais trop s'arrêter. On chasse avec un objectif précis : par exemple, une recherche bibliographique ou documentaire. Et ces expériences influencent nos comportements en d'autres domaines que le Web.

Depuis le passage définitif du *volumen* au *codex* (au IVe siècle de notre époque) et jusqu'à l'avènement d'Internet, deux formes de lecture pouvaient coexister dans l'expérience de chacun : la *lecture linéaire*, selon l'ordre préétabli par l'auteur, et la *lecture tabulaire*, selon l'ordre choisi par le lecteur, après avoir rapidement regardé les pages comme on observe un *tableau* pour choisir le détail sur lequel s'arrêter. Le *volumen*, c'est-à-dire le papyrus que l'on enroule, imposait une lecture en continu du début à la fin, tandis que le *codex* – le livre tel que nous le connaissons, composé de feuilles pliées et reliées – permet au lecteur de choisir d'emblée les parties qui l'intéressent et d'inventer son parcours ou ses allers-retours d'une page à l'autre, en s'appuyant sur les éléments visuels de chaque section [7].

Aujourd'hui nous voyons s'imposer une autre forme de lecture : la *lecture de prélèvement*, dont l'internaute fixe les règles et bâtit le contexte au gré de ses exigences, en construisant lui-même le cadre dans lequel les textes piochés sur le Net vont s'insérer et recevoir un nouveau sens les uns à côté des autres [8]. Et ce n'est pas tout.

Les historiens nous ont montré qu'une nouvelle technologie ne chasse pas forcément l'ancienne et que le livre fait partie, grâce à sa maniabilité, des technologies difficilement remplaçables (il a donc encore de beaux jours devant lui). Mais nos réflexes et nos comportements de lecteurs changent. Grâce aux développements de l'informatique, « interactif » et « interactivité » deviennent les mots-clés d'un modèle éducatif qui impose ses règles au système scolaire, aux associations, aux syndicats et aux Églises.

« Le livre n'est plus aujourd'hui la métaphore clef de l'époque ; l'écran a pris sa place », écrit Ivan Illich[9]. « Le texte alphabétique n'est plus que l'une des nombreuses manières d'encoder quelque chose que l'on appelle désormais le "message". » Nous pouvons nous en plaindre, en regrettant l'époque de la lecture traditionnelle, qui était (et qui reste, heureusement, pour beaucoup de monde) une *lecture* d'épaisseur, c'est-à-dire, comme le fait remarquer Jean-François Barbier-Bouvet, une lecture « qui circule au sein du livre entre les pages, qui utilise éventuellement les renvois, qui le traverse de bout en bout »[10]. Mais nous pouvons aussi tirer profit des multiples possibilités offertes par la métaphore du *lien* (le *link*) et par l'hypertexte pour bâtir une nouvelle culture, de nouvelles relations, une nouvelle économie de l'échange et du don.

En tant que chrétiens, nous pouvons rêver, avec George Steiner et Illich, de nouvelles *maisons de lecture*, à l'image de la *yeshiva* juive ou du monastère bénédictin : des maisons dans lesquelles cultiver l'amour des livres et d'une lecture bien faite[11]. Mais l'inculturation de la foi passe aussi par ces ateliers ouverts aux nouveaux langages, par ces *scriptoria* d'un type nouveau, ces laboratoires multimédias qui fleurissent un peu partout dans le monde et qui obligent les Églises à revoir les formes de l'annonce et les pratiques de la catéchèse.

Il ne s'agit pas simplement de changer de vocabulaire et de traduire, par exemple, le célèbre verset de la première lettre aux Corinthiens (1 Co 13, 8) : « Les prophéties ? elles disparaîtront » par « les prophéties seront désactivées » (Bible Bayard), comme si on pouvait désactiver les prophéties de la même manière que les extensions d'un ordinateur, en appuyant sur la touche « majuscule » au démarrage. Il s'agit d'une révolution en profondeur et non d'un simple maquillage, d'un *lifting* plus ou moins superficiel.

La première conséquence de cette révolution est le passage de l'analogique au numérique, d'une culture presque entièrement bâtie sur l'analogie et ses multiples ressorts à une autre culture, dominée par le numérique.

Les prophètes de la nouvelle époque annoncent la naissance d'un homme nouveau, l'homme numérique, selon l'expression de Nicholas Negroponte, directeur du Media Lab au Massachusets Institute of Technology. D'autres auteurs vont jusqu'à parler d'une nouvelle manière d'être et d'un nouvel état de la conscience influencés par le numérique : après l'âge de pierre, l'âge de bronze, l'âge du fer, nous voici dans l'âge du virtuel, âge d'or, qui rend désormais possibles les rêves les plus fous et « aplanit le chemin de la grâce ».

Comme l'écrit Pierre Lévy, « le cyberespace devient le système écologique du monde des idées, une noosphère foisonnante, en transformation accélérée, qui commence à prendre le contrôle de l'ensemble de la biosphère et à diriger son évolution à ses propres fins »[12]. On peut sourire de ces prophéties. Dans son élan mystique, Lévy ne s'arrête pas à mi-chemin : « La vie toute entière monte vers le virtuel, à l'infini, à travers la porte du langage humain. »[13]

Le terme « noosphère », emprunté à Pierre Teilhard de Chardin, désigne l'intelligence collective à l'œuvre dans le réseau. Mais cette mystique à la sauce New Age n'a pas grande chose à voir avec la pensée du jésuite et paléontologue, auteur du *Milieu Divin* (1925). Il s'agit plutôt d'une des multiples résurgences de la gnose, une gnose dernier cri, matinée de références à la cyberculture et d'un zeste de religiosité orientale.

À l'image de la gnose ancienne, cette nouvelle gnose *hi-tech*, sépare le corps de l'esprit, efface l'histoire et ses contradictions, oublie les inégalités sociales et les contraintes économiques, pour faire d'Internet un objet de culte ou, dans certains cas, un véhicule de la grâce, au sens religieux et non seulement poétique et artistique du terme.

La Toile devient ainsi une idole ou un totem, un objet méta-historique et immatériel, doué d'une vie autonome, d'une conscience et d'une intelligence collective. À la sacralisation de la société, vieux piège du positivisme, les thuriféraires de la cyberculture préfèrent la sacralisation des nouvelles technologies, mais le résultat est le même : la création d'une nouvelle religion avec sa caste sacerdotale (hier les prêtres de l'humanité, aujourd'hui les grands prêtres du virtuel).

Selon les évangélistes de l'Internet (« J'annonce une civilisation planétaire, fondée sur la pratique de l'intelligence collective dans le cyberespace », écrit, par exemple, Pierre Lévy [14]), l'avènement de ce nouvel âge aura au moins trois effets bénéfiques : un partage du savoir, selon des critères plus démocratiques ; une productivité et une prospérité qui nous ouvriront les portes du capitalisme informationnel ; une nouvelle expérience de la « grâce » dans les domaines de la religion et des arts, facilitée par les multiples ressources du numérique et des mondes virtuels.

Mais arrêtons de rêver. Comme le fait remarquer le sociologue Philippe Breton, il est urgent de « laïciser Internet » et de le considérer pour ce qu'il est : un outil qui ouvre des possibilités nouvelles et non pas un fétiche ou un totem [15].

Homme numérique, pensée analogique

Grâce aux technologies numériques, l'économie de la communication se dématérialise, elle passe d'une étape caractérisée par la proposition, la vente et l'échange d'atomes (le journal et le livre en papier, les cassettes vidéo en plastique) à une étape caractérisée par l'échange de *bit*, de ces unités qui sont à la base du langage informatique, ces *briques* utilisées pour bâtir la réalité virtuelle. Quand nous observons un beau paysage ou un beau tableau sur l'écran de notre ordinateur ce que nous observons est en réalité un signal fait d'informations numériques, de séquences de *bit*, d'un agencement de « zéro » et de « un » (pour ne pas parler des *compact disc* et des morceaux de musique numérisés que l'on peut télécharger par Internet).

Quelles sont les conséquences anthropologiques de cette nouvelle économie ?

« Quel est l'équivalent numérique de "belle" ? », se demande Salman Rushdie. « Quels sont les chiffres qui encodent la beauté, la poigne chiffrée qui enclôt, transforme, transmet, décode mais, on ne sait trop comment, échoue à emprisonner ou étouffer l'âme de cette beauté ? »[16]

Un *bit* n'a pas de poids, il se mesure en *méga* ou en *giga* octets (en fonction de la place occupée sur le disque dur de l'ordinateur), il peut voyager à des vitesses très élevées, mais il peut changer notre sensibilité, notre rapport avec la réalité. Pour désigner la fascination trouble ou, si l'on veut, l'« attraction fatale » exercée par la réalité virtuelle, certains auteurs parlent de « *sex appeal* » de l'inorganique ou du numérique. Une fascination comparable à celle que suscite la froide beauté des androïdes du film de Ridley Scott, *Blade Runner* (1982). Et qui a inspiré à Kathryn Bigelow son film sur les excès du voyeurisme à l'ère du numérique (*Strange Days*, 1995).

Mais ne sortons pas trop vite les mouchoirs, réels ou virtuels : l'analogie a encore de beaux jours devant elle. Qu'est-ce que les icônes et les autres métaphores des systèmes informatiques, comme par exemple la corbeille, les dossiers et les tiroirs, sinon de la pure « analogie » ? L'informatique a besoin de l'analogie. C'est grâce à la pensée analogique qu'elle a pu conquérir un public très large, en passant du Protestantisme iconoclaste du Dos et de ses commandes mystérieuses à l'Orthodoxie du Mac, avec son foisonnement d'icônes, et au Catholicisme un peu étriqué de Windows.

Non, l'analogie n'est pas morte. Le défi, pour tous, c'est d'en renouveler l'utilisation. Et, pour les chrétiens, de traduire en images nouvelles, en métaphores riches de sens le contenu de la foi.

Cette adaptation ou, plutôt, cette inculturation sera d'autant plus féconde si les chrétiens savent puiser dans l'immense répertoire symbolique de leur foi des « choses anciennes et nouvelles » capables de parler à l'intelligence et au cœur de l'homme d'aujourd'hui.

Des icônes à Fra Angelico, de Van der Weyden à Rouault, de Bach à Messiaen et Arvo Pärt, l'art a su montrer, de tout temps, la richesse foisonnante des symboles forgés par le christianisme, les métaphores vivantes dans lesquelles a été traduit le *dépôt* de la foi. Et en même temps, par la beauté du visible, il a permis d'apercevoir des reflets de l'invisible, la nostalgie d'une autre terre et d'une autre patrie.

Pourquoi le Web resterait-il étranger à cette recherche ? Oui, les conditions historiques ont changé. Les moyens techniques sont plus sophistiqués et, par certains côtés, plus simples à manier. Mais le défi est le même.

Après tout, selon la vieille définition thomiste, le virtuel est ce qui existe en puissance et pas encore en acte. Il ne s'oppose donc pas au réel, mais à l'actuel. Et il peut prendre la forme que nous voudrons lui donner.

Monde en réseaux…

Désormais il est possible à tout un chacun de donner libre cours, à moindre frais, à son imagination et à sa créativité : il suffit d'un ordinateur équipé pour l'accès au réseau et de quelques logiciels. C'est cette possibilité éminemment démocratique qui fait tout l'intérêt d'Internet, mais aussi sa faiblesse. À côté de ceux qui méritent le détour, combien y a-t-il de sites mal ficelés, inintéressants ou dangereux ? Combien de « déchets », d'informations approximatives ou invérifiables, de rumeurs, de légendes métropolitaines ?

Il est encore trop tôt pour dire s'il s'agit d'un défaut de jeunesse, de l'effervescence qui caractérise, selon Max Weber, tous les mouvements à l'*état de naissance* et qui tend à disparaître au fur et à mesure que l'on s'éloigne du temps héroïque des origines.

Pour l'instant, une caractéristique marquante de la révolution télématique est son anarchie ou son apparente anarchie : malgré les convoitises et les tentations monopolisatrices de Bill Gates et de ses émules, il n'y a pas un seul maître à bord, mais des millions de maîtres, petits et grands, chacun jaloux de son pré-carré et soucieux de son indépendance.

Les hiérarchies et les rapports de force traditionnels disparaissent ou changent de visage, car, comme l'écrit le sociologue Manuel Castells, « les réseaux nous mènent vers un avenir où il n'y a ni haut ni bas, ni direction ni hiérarchie, ni centre ni périphérie, mais seulement des nœuds et des connexions souples reliant chaque nœud à tous les autres »[17].

Cet égalitarisme, vrai ou apparent, qui caractérise le développement des réseaux informatiques est la grande nouveauté de ces dernières années : il y a désormais un espace public dans lequel des milliers de personnes s'expriment librement, tissent des liens, se rassemblent autour d'un projet ou protestent et font entendre une voix différente de celle de l'idéologie dominante.

Comme en mai 1968, nous assistons à une véritable prise de parole d'une génération entière, avec la différence notable, par rapport à 68, qu'Internet multiplie par mille ou plus l'impact des anciens *dazibaos*. Nous voyons apparaître de nouvelles formes de militantisme ; des mouvements anciens retrouvent une nouvelle jeunesse grâce au Net ; d'autres utilisent le Net et la cyberculture comme outils d'une redoutable efficacité pour faire circuler des messages censurés par les pouvoirs en place : que l'on pense à la savante stratégie médiatique du mouvement zapatiste et du sous-commandant Marcos, véritable virtuose du réseau, ou à l'action d'Attac et du mouvement No-global.

Éminemment politique, cette prise de parole suscite une sociabilité nouvelle, des rites et des langages nouveaux, une solidarité qui dépasse les frontières et qui met en crise, dans les relations internationales, la *Realpolitik*, remplacée par ce que certains experts américains de stratégie appellent la *Noopolitik*, « c'est-à-dire la possibilité d'influencer les idées et les valeurs sous-tendant les décisions politiques »[18].

Le réseau télématique est le lieu de tous les échanges : d'idées, de savoirs, d'images, de logiciels. Et il oblige les églises, qui depuis toujours connaissent la forme d'organisation en réseau, à s'interroger sur leur présence et leur capacité à créer des structures plus souples, à favoriser les liens entre les fidèles, à faire circuler rapidement l'information et à expérimenter de nouvelles formes de participation.

... et religions en patchwork

Comme le fait remarquer Danièle Hervieu-Léger, les possibilités d'avoir accès à des « stocks » symboliques de différentes origines se sont prodigieusement démultipliées ces dernières années[19]. Et ce, en particulier, grâce à Internet, où le marché des biens symboliques est florissant. Dans les ruelles et sur les places du réseau il y a désormais toute sorte de marchandises : spiritualisme frelaté, mystique à deux sous, cultes improbables de « maîtres » spirituels encore plus improbables, tous les syncrétismes et toutes les hérésies, mais aussi des textes sérieux, des enseignements solides, des ressources sûres.

Le Net rend plus visibles et, dans certains cas, contribue à façonner les formes du « croire » qui caractérisent la post-modernité.

Tout d'abord, le *bricolage*, la tendance à « piocher » dans les différentes traditions religieuses et à agencer les pièces disponibles pour composer son propre *puzzle* religieux. Ensuite, le *surf* : danser sur les vagues sans vraiment se « mouiller », mais en revenant à la case départ, après avoir observé ce que propose le vaste océan du Net.

Paradoxalement, la grande mobilité, le fait de sautiller d'un site à l'autre, de chercher des « provisions de sens » dans les différentes expressions religieuses ou dans les croyances « parallèles » (astrologie, voyance, médecines douces...) rend plus aigu le besoin de « niches communautaires » dans lesquelles se retrouver [20].

Si pour un bon nombre d'individus le voyage trouve sa justification en lui-même, c'est-à-dire dans le fait de voyager, pour beaucoup d'autres revenir en lieu connu devient une nécessité, un besoin vital.

Avec sa métaphore de la navigation, Internet ne fait qu'accentuer un phénomène déjà ancien : la recherche de communautés qui promettent de libérer l'individu de sa condition de solitude, en lui proposant un ensemble de références symboliques et de rites « clés en main ».

Dans cette situation, le véritable problème pour les Églises et pour ceux que les sociologues appellent « les grands régimes institutionnels de la vérité » est *la perte du centre* : dans un univers où il n'y a plus ni Sud ni Nord, ni Est ni Ouest, qui exerce le rôle de régulateur social ? Qui incarne l'autorité et comment ? Quelle carte et quelle boussole pourront nous permettre de nous orienter ?

Avec des valeurs en concurrence ou en conflit sur le même étal du marché, le pluralisme religieux prend sur le Web des proportions inédites : de la capacité de répondre à ses défis, de prononcer une parole qui nous ouvre à l'inouï et qui nous libère, dépend l'avenir de l'Église dans notre société en réseaux.

Les défis pour l'Église

Mais Internet n'est pas seulement le Web, c'est aussi le courrier électronique, les *mailing list*, le succès extraordinaire des logiciels libres ou des « partagiciels », les forums de discussion autour d'un centre d'intérêt commun (les papillons ou les oxymorons, la théologie byzantine du XIVe siècle et l'art de la pêche à la ligne).

Pour des millions de personnes de par le monde, c'est la redécouverte d'une pratique oubliée par les médias traditionnels, malgré le nombre de *talk show* où l'on discute de tout et de n'importe quoi : la pratique de la conversation avec ses codes et ses rites, malgré l'écran de la distance et les lenteurs et les ratures imposées par l'écriture au clavier. C'est la découverte d'une nouvelle convivialité.

Pour l'Église, il y a un équilibre à trouver entre la verticalité de sa structure hiérarchique et l'horizontalité de la communication, entre principe d'autorité et ecclésiologie de communion. Mais il devient de plus en plus urgent de faire appel à de nouvelles figures de la médiation, des hommes et des femmes « relais », des « aiguilleurs » de l'information capables de faire circuler les messages les plus importants ou d'établir et d'entretenir des liens avec ceux et celles qui risqueraient de se sentir isolés. C'est un nouveau ministère, une forme de *diaconie* électronique exigeante (et enthousiasmante).

Plus particulièrement en milieu rural, Internet peut être un outil formidable pour le rassemblement de communautés dispersées, pour le partage de la Parole et la préparation des sacrements. Et pourquoi pas d'une nouvelle pratique de la catéchèse ?

En 1964, dans l'encyclique *Ecclesiam suam*, Paul VI synthétisait ainsi un des « buts » de l'*aggiornamento* conciliaire : « L'Église doit entrer en dialogue avec le monde dans lequel elle vit. L'Église se fait parole ; l'Église se fait message ; l'Église se fait conversation. »

À l'heure d'Internet, ces mots prennent un sens nouveau : ils nous rappellent la nécessité de soustraire la communication à la dictature de la technique, pour privilégier la qualité de la relation entre personnes. Et en même temps ils nous disent que l'Église est elle-même communication, conversation, récit : une conversation et un récit dans la langue des hommes d'aujourd'hui, selon les codes de cette société nouvelle qui se dessine sous nos yeux.

Notes

1. Salman Rushdie, *Furie*, Plon, 2001, p. 16-17.
2. Voir le document du Conseil pontifical pour les communications sociales, *Éthique dans les communication sociales*, 1, 4 juin 2000.
3. *Ibidem*, 4.

4. Marshall McLuhan, « Le message, c'est le médium », in *Pour comprendre les médias*, Paris, Mame/Seuil, 1968, p. 25-40.

5. Christian Vandendorpe, *Du papyrus à l'hypertexte. Essai sur les mutations du texte et de la lecture*, Paris, La Découverte, 1999, p. 11.

6. Voir Pierre Lévy, *Cyberculture. Rapport au Conseil de l'Europe*, Paris, Éditions Odile Jacob, 1997.

7. Cf. Christian Vandendorpe, *Du papyrus à l'hypertexte, op. cit.*, p. 41-69. Voir aussi : Guglielmo Cavallo et Roger Chartier (sous la direction de), *Histoire de la lecture dans le monde occidental*, Paris, Le Seuil, 1997.

8. Voir Jean-François Barbier-Bouvet, « Internet, lecture et culture de flux », *Esprit*, décembre 2001.

9. Ivan Illich, *Du lisible au visible. Sur l'Art de lire de Hugues de Saint-Victor*, Paris, Le Cerf, 1991, p. 8-9.

10. Jean-François Barbier-Bouvet, « Internet, lecture et culture de flux », article cité, p. 22.

11. *Ibidem.*

12. Pierre Lévy, « Un voyage virtuel dans notre avenir ou la révolution culturelle induite par le réseau », in *Future* n° 2, 2001, p. 80.

13. *Ibidem.*

14. *Ibidem*, p. 76.

15. Philippe Breton, *Le Culte d'Internet*, Paris, La Découverte, 2000.

16. Salman Rushdie, *Furie*, Paris, Plon, 2001, p. 16-17.

17. Manuel Castells, « Les réseaux à l'ère de l'information », in *Future* n. 2, 2001, p. 7.

18. *Ibidem*, p. 11.

19. Danièle Hervieu-Lèger, « Quelques paradoxes de la modernité religieuse », in *Futuribles*, janvier 2001, n° 260, p. 103.

20. *Ibidem.*

CHAPITRE 4

VOUS AVEZ DIT « ÉVÉNEMENT » ?

« Arno, qu'est-ce qu'il disait, déjà, ton idiot de Hegel... les jours de paix sont les pages blanches du livre de l'Histoire, non ? » [1]

Cees Nooteboom

Deux tours qui s'écroulent. L'Amérique frappée de plein fouet par les terroristes. L'impensable se produit sous les yeux effrayés de millions de spectateurs. C'est « le Choc », avec un grand « c », l'événement-monstre ou, tout simplement (mais il n'y a rien de simple en tout cela), « l'Événement », sans adjectifs, comme l'ont écrit plusieurs journaux.

Faut-il désormais parler d'un *avant* et d'un *après* 11 septembre 2001, comme on parle habituellement de l'*avant* et de l'*après* guerre (qu'il s'agisse de la Grande ou de celle que l'on a appelée *froide*) ?

Faut-il réviser nos catégories sociologiques et historiques en fonction de cet événement qui a monopolisé, avec son cortège de deuils et de souffrances, les pages de nos quotidiens pendant de longs mois ? Ou sommes-nous désormais anesthésiés, hypnotisés par la répétition, en boucle, d'images dont nous ne percevons plus l'horreur ?

Les attentats de New York et du Pentagone sont-ils un événement-charnière, un de ces sauts brusques, qui impriment à l'histoire une accélération et qui nous obligent à changer de regard et, parfois, de vie ? Ou les avons-nous déjà métabolisés, à l'instar de ces autres événements, de ces autres tragédies, de ces autres guerres et camps de réfugiés dont la télévision nous propose chaque jour les images ?

« Notre regard est déjà devenu inhumain », dit l'un des personnages du beau roman de l'écrivain néerlandais Cees Nooteboom, *Le Jour des Morts*, écrit bien avant le 11 septembre 2001. « Ces images ne nous atteignent plus, nous les enregistrons comme des faits, au mieux, peut-être, comme des symboles de souffrance, mais certainement plus comme une forme de souffrance à laquelle nous ayons part… et c'est ainsi que ces faits, que le spectacle de ces faits, forment justement la carapace qui nous en isole ».

Il est difficile de dire si la carapace est tombée après l'attentat des *Twin Towers* ou si elle est aujourd'hui plus épaisse. Mais il devient de plus en plus urgent de s'interroger sur la notion d'« événement » telle qu'elle a été façonnée par notre système des médias.

Il s'agit de s'interroger sur les métamorphoses de l'événement médiatique et en même temps, en tant que chrétiens, sur la place de chaque événement dans l'histoire du salut, sur sa signification spirituelle. En d'autres termes, l'événement est-il, comme le disait Emmanuel Mounier, « notre maître intérieur » ou sommes-nous désormais insensibles à ses enseignements ?

Qu'est-ce qu'un événement ?

Les médias se nourrissent de faits, relatent des informations, colportent des nouvelles. Ils sont les usines de l'événement. Mais qu'est-ce qu'un « événement » ? Quelle est la signification de ce mot passe-partout, de ce monstre prolifique qui règle ou prétend régler notre vie, fixer nos rendez-vous et nos échéances, régenter nos agendas ? Qu'est-ce que cette idole, dont on célèbre la gloire dans toutes les chapelles médiatiques le soir à 20 heures ?

Si l'on en croit le *Littré*, « événement », du latin *evenire*, est « tout ce qui arrive ». Définition étonnante, qui contredit ou semble contredire le sens commun. Nous savons, par notre expérience de lecteurs ou de spectateurs, que tout ce qui arrive n'est pas un événement et qu'au contraire l'événement est l'exception, l'extraordinaire, l'imprévu et l'impromptu, ce qui éclaire d'une lumière nouvelle le quotidien, la morne série des faits de chaque jour. Loin du sens premier, l'événement fabriqué par le système des médias est « ce qui arrive rarement » et qui mérite que l'on s'y arrête et que l'on en parle. Cette inversion sémantique est d'autant plus frappante si l'on pense à la polémique des historiens de l'école des *Annales* (de Febvre et Braudel à Duby et Le Goff) contre l'histoire « événementielle », contre l'histoire réduite à une succession de batailles et de traités de paix, d'intrigues et de luttes entre puissants. Déjà Voltaire dénonçait les faiblesses d'un discours historique qui prétendait décrire « la pompe d'un couronnement, la cérémonie de la réception d'une barrette, et même l'entrée d'un ambassadeur dans laquelle on n'oublie ni son suisse ni son laquais ». Et il n'était pas le seul ni le premier à opposer, à l'histoire conçue comme une suite d'événements, « des connaissances d'une utilité plus sensible et plus durable »[2]. Au XVIIe siècle, comme l'a bien montré Krzysztof Pomian[3], le grand historien et érudit bénédictin Jean Mabillon estimait à peu de chose « d'avoir la mémoire remplie d'une enfilade [...] d'années, de siècles, d'olympiades, d'époques, et de savoir une infinité de noms d'Empereurs et de Rois, de Conciles, d'hérésies, et même une infinité d'événements et de beaux faits ». Pour Dom Mabillon, savoir « c'est *connoître* les choses par leurs causes et leurs principes », étudier l'histoire « c'est étudier les motifs, les opinions et les passions des hommes ». Tout le contraire d'une liste aride de faits et de données, d'une suite d'événements.

La construction de l'événement

Entre discours historique et discours médiatique il y a, donc, un évident décalage, une différence d'intentions et de finalités. Si l'histoire (du moins celle des *Annales*) privilégie la longue durée, la réflexion sur les structures profondes d'une société, les médias privilégient ce qu'on appelle l'« actualité », les faits à vif ou à chaud, saisis dans leurs manifestations les plus frappantes. Mais de quelle façon et pour quelles raisons un fait devient-il événement ? Qui décide que tel fait mérite la « une » des journaux et que tel autre est condamné à l'oubli ?

L'événement médiatique est une construction, le résultat d'un choix, d'une mise en scène et, dans le cas de l'audiovisuel, d'un montage. Car il n'y a pas d'événement à l'état brut. Il est toujours le produit de plusieurs facteurs. Les journalistes aiment parler de flair ou d'intuition pour justifier ou expliquer un « scoop », un « coup médiatique ». Mais ils savent que celle-ci est une explication trompeuse, qui n'éclaire pas la genèse de ce qu'on appelle événement. Ils savent, aussi, qu'ils sont souvent le dernier maillon de la chaîne médiatique et que la presse n'est pas toute seule dans cette vaste entreprise de construction de l'événement. Comme l'a bien souligné le sociologue Patrick Champagne, il est des faits qui ne peuvent pas être ignorés, sous peine de sanctions (symboliques, certes, mais cependant pas moins réelles) de la part du système des médias. Et à l'opposé, il est des informations minimes, anecdotiques ou secondaires, qui ne peuvent pas être transformées en événement, sous peine d'une perte de crédibilité. Car l'événement est le résultat d'un rapport de force entre le système des médias et les différents champs sociaux. « Tout se passe comme si l'événement journalistique était une forme reconvertie [...] du capital économique, institutionnel, culturel ou symbolique dont disposent les groupes sociaux. »[4]

Du fait *à l'*événement

Quels sont donc les critères qui orientent les choix des rédactions ? Certains manuels de journalisme en indiquent trois : l'actualité ; la signification ; l'intérêt. Selon cette « grille », un événement est tel, grâce à sa force de nouveauté (y compris les répercussions dans le présent d'un fait lointain), sa place dans notre système de représentations et de croyances, son intérêt pour les émetteurs et les récepteurs. Mais il est de plus en plus évident que le *tam-tam* journalistique, l'effet miroir, qui permet la mobilisation simultanée de plusieurs médias autour du même objet, et le rôle prépondérant de la télévision (son impérialisme) sont des éléments essentiels à la fabrication de l'événement. Les journalistes s'observent, s'écoutent, dialoguent par médias interposés, soucieux de faire vite, d'arriver les premiers, de ne pas rater l'information capitale, celle qui sera livrée en exclusivité par les concurrents. Et le miroir se transforme parfois en miroir aux alouettes, comme à l'occasion de la guerre en Afghanistan (avec, d'un côté, les déclarations de Ben Laden diffusées par la chaîne de télévision Al Jazira et, de l'autre, les communiqués du Pentagone). Ou comme en 1989, lors de la chute du régime de Ceaucescu en Roumanie, et en 1991, lors de la guerre du Golfe.

En ces occasions, l'obsession de la rapidité, le mythe du direct et la confiance accordée aux porte-parole du « bon camp » ont fait quelquefois tomber les barrages, les garde-fous, les procédures de vérification et de contrôle de chaque rédaction. Ils ont montré toute la fragilité de l'échafaudage que l'on appelle « événement ».

Mais la question reste : quels sont les critères du choix, de la sélection ?

Les chercheurs du Media Lab du célèbre Massachussets Institute of Technology ont calculé que dix pour cent seulement des informations qui affluent chaque jour dans les rédactions des quotidiens sont imprimées : les autres sont tout simplement oubliées.

Si l'on analyse les nouvelles qui ont eu l'*imprimatur* des médias, on retrouve des constantes, des traits communs, on découvre qu'elles présentent au moins une « qualité » qui semble justifier leur diffusion. Tout d'abord, la *nouveauté* (selon la célèbre formule : « un chien qui mord un homme ce n'est pas une nouvelle, mais un homme qui mord un chien c'en est une »). Ensuite, l'*importance pratique* d'un fait pour la vie des gens (les conséquences d'une décision gouvernementale, d'une grève, d'une calamité naturelle, etc.). En troisième lieu, la *proximité physique ou psychologique et culturelle,* car l'on sait que nous ne sommes pas sensibles de la même façon aux catastrophes si elles se produisent à côté de chez nous ou à trois mille kilomètres de distance : notre capacité d'émotion et d'indignation est sélective et elle se manifeste plus facilement quand un événement touche, même si c'est à l'autre bout du monde, nos proches aux différents sens du terme (par les liens de famille, de nationalité, de culture, de religion...). Quatrièmement, la *proximité médiatique,* car les médias sont eux-mêmes créateurs d'une nouvelle forme de familiarité : en propulsant systématiquement sur le devant de la scène des personnages de la vie politique, du sport, du spectacle, de la mode, ils en font des héros médiatiques, des « proches » du spectateur ou du lecteur, des « proches » qui confèrent un sceau particulier, un degré supérieur d'*événementialité* aux informations qui les concernent [5]. Cinquièmement, la *charge émotionnelle,* c'est-à-dire la possibilité de toucher les cordes de nos sentiments et de notre imaginaire. Sixièmement, les *possibilités de développement* (et de rebondissement) et la capacité d'entretenir l'attente. Enfin, la *disponibilité d'images,* de documents visuels frappants. Mais il ne faudrait pas oublier des événements d'un type particulier dont les médias sont gourmands : les *anniversaires.* Que ce soit le vingtième anniversaire de la mort de Georges Brassens, le bicentenaire – déjà loin – de la Révolution ou le cinquième centenaire de la « découverte » de l'Amérique, le bicentenaire de la naissance de Victor Hugo et ainsi de suite.

Quant à la télévision, elle joue, par son langage et sa force de médium dominant, un rôle de premier plan dans la construction de l'événement. Car elle a le pouvoir de modifier les faits au moment où elle les relate : le compte-rendu d'une grève au journal télévisé amplifie l'impact de la protestation et en influence la suite. Et puis parce que, dans notre société hyper-médiatisée, certains événements ne sont construits qu'en fonction du petit écran : telle déclaration politique prononcée peu avant 20 heures, l'annonce d'une grève de la faim ou même, comme les terroristes l'ont montré, des attentats.

La télévision trône, avec tout son pouvoir de fascination, souvent trouble, au milieu du système des médias et il n'est pas excessif d'évoquer, à ce propos, un nouveau type de magistère : le « magistère cathodique »[6]. Un « magistère » qui parfois dérape, qui flatte le voyeur caché en chaque spectateur, qui joue avec la vie et la mort. Et qui frôle dangereusement les excès dénoncés déjà en 1979 par Bertrand Tavernier dans son film *La mort en direct*, parabole d'une société victime de marchands qui n'hésitent pas à transformer la mort en spectacle pour faire monter l'audience.

Les routines de production

Cette typologie admet de nombreuses variantes. Il est évident que les choix des rédacteurs et de la direction du *Monde* ne sont pas les mêmes que ceux de *Libération* ou du *Figaro* : il suffit, pour s'en rendre compte, d'analyser les informations amplifiées par les uns ou passées sous silence par les autres ; il suffit, aussi, de vérifier les différences de mise en page et la valeur différente attribuée à telle ou telle autre nouvelle.

Dans la construction de l'événement plusieurs variables entrent en jeu : le type de publication (quotidien, revue, magazine...) et la périodicité, le public auquel on s'adresse, la volonté d'orienter ou d'influencer l'opinion, l'espace et le temps disponibles, les contraintes techniques et économiques, notamment le poids de la publicité et les impératifs du marketing. Et il arrive qu'en application de la célèbre formule de Marshall McLuhan (*the medium is the message*) le medium se fasse lui-même événement, par exemple lors de la présentation d'une information en exclusivité ou lors du lancement d'une nouvelle émission.

Dans les années 1970, des sociologues anglo-saxons (entre autres : Altheide, Gans, Golding, Elliott, Schlesinger et Tuchman) ont appliqué les méthodes ethnographiques de l'observation participante aux procédures permettant la transformation d'un fait en nouvelle (*newsmaking*). Leurs recherches montrent toute l'importance des routines de production mises en place dans les entreprises de presse pour sélectionner et classer les événements en rubriques, à la manière de ces hôpitaux qui « classent » et répartissent leurs patients dans les différents services par rapport aux symptômes et aux maladies de chacun. Les routines de production (sélection des dépêches, réunions, rendez-vous fixes[7], recherche de la documentation, vérification des sources, classement des nouvelles en catégories préétablies…) sont à la fois un moyen de défense et une exigence de rationalité, pour prévenir le chaos et essayer de mettre de l'ordre dans la masse des informations qui aspirent chaque jour au statut d'événement. Elles permettent d'établir une première distinction commode entre événements prévisibles (et qu'il ne faut donc pas rater) et événements imprévisibles (dont il faut rendre compte à temps). Les critères d'événementialité sont donc étroitement liés aux routines de production, mais ils dépendent aussi de la valeur attribuée à chaque nouvelle par le système des médias. Selon ces paramètres, on peut mesurer l'importance d'une nouvelle en considérant quatre variables :

– fonction et niveau hiérarchique des sujets impliqués dans l'événement : plus la fonction des acteurs est élevée plus la nouvelle est jugée importante ;

– impact sur l'intérêt national ;

– nombre de personnes impliquées ou susceptibles d'être impliquées par ricochet ;

– possibilité ou certitude de développements importants, lors, par exemple, du premier tour d'une élection.

Même si ces critères ne sont pas exclusifs, car la construction de l'événement est une opération très complexe, l'intérêt des études sur les procédures de *newsmaking* est d'avoir ouvert un chemin, en montrant toutes les composantes de l'événement médiatique et en soulignant l'urgence de se débarrasser des prénotions ou des explications trompeuses qu'on appelle « flair »,

« intuition » ou même « scoop ». Ces mêmes études ont mis en évidence un autre aspect à ne pas négliger.

Le récit des événements

Tout événement est soumis à une double opération : il est arraché à son contexte, isolé, et « re-contextualisé », inséré dans le flux des informations du journal télévisé ou du magazine en papier glacé. Cette métamorphose forcée obéit à une grammaire, à un ensemble de conventions et de codes qui structurent l'écriture de presse. Tout d'abord, le découpage en unités d'information brèves et, en ce qui concerne la télévision, avec un faible degré de subordination dans la construction des périodes. En deuxième lieu, la quête du détail et des personnages sur lesquels braquer les projecteurs de l'actualité, selon la formule journalistique : « la réalité par les faits ; les faits par les gens ».

Extrait de son contexte d'origine et inséré dans un contexte artificiel, dans un *continuum* de mots et d'images disparates, l'événement devient récit, narration, histoire, il est soumis au traitement que Paul Ricœur appelle « mise en intrigue » (le *muthos* aristotélicien). « Le récit », écrit Ricœur, « ne se borne pas à intégrer des événements, mais il qualifie comme événement ce qui au départ n'est que simple occurrence, ou comme on dit bien, simple péripétie. Le récit est révélateur d'événements » [8]. Par le biais du récit l'événement devient audible ou visible. Il est « apprivoisé » et affranchi de son caractère distinctif : la *soudaineté*, cette qualité qu'à la suite de Ricœur nous pouvons qualifier de *rupture*, par rapport à l'ordre préexistant, et d'*origine*, c'est-à-dire de « jaillissement de nouveauté » [9].

Le récit rend les événements intelligibles. Et il affirme leur *singularité*, leur *contingence* et leur *écart* par rapport au flux de la vie ordinaire. « Du fait qu'ils sont racontés, les événements sont singuliers *et* typiques, contingents *et* attendus, déviants *et* tributaires de paradigmes, fût-ce sur le mode ironique. » [10]

La fabrique du présent

Au centre de notre vie sociale, les médias se situent de plus en plus comme « la fabrique du présent », une gigantesque machine à fabriquer l'événement. Mais il ne faut pas se méprendre. Les sociologues savent que toute réalité sociale est le résultat d'une construction, d'un jeu de domino dans lequel sont impliqués les acteurs sociaux, car, comme le dit Georges Balandier, « ce qui peut apparaître en quelque sorte comme *naturel* est un produit de l'activité conjuguée des hommes, passée et présente » [11]. Le fait marquant de la révolution médiatique qui est en train de se dérouler sous nos yeux c'est que, grâce au poids considérable qu'ils acquièrent dans notre société, les médias « deviennent maintenant les artisans principaux, dominants, de la présentation du réel », au point de conduire « chacune et chacun à se contenter du réel virtuel », celui que propose le miroir de la télévision [12].

Paul Virilio parle de « coup d'état informationnel », d'autres auteurs dénoncent la toute-puissance des médias, à la manière des théoriciens « apocalyptiques » d'antan. Et les bavures médiatiques sont toujours au coin de la rue. Mais, pris dans le jeu des indignations et des condamnations souvent légitimes, il ne faudrait pas oublier que nous sommes en train de vivre une mutation anthropologique majeure, dont l'événement produit par les médias est l'un des artisans.

Le merveilleux des temps modernes

Que nous écoutions *France Info*, *CNN*, *LCI* ou les télévisions et les radios généralistes, nous sommes surinformés, bombardés de nouvelles. Et pourtant nous avons le sentiment d'être sous-informés, toujours en retard d'une information. « Nous appelons toujours davantage d'événements, par angoisse du temps lisse et uniforme des sociétés industrielles, par besoin de consommer le temps comme des objets, par peur de l'événement lui-même. » [13]

Les médias s'engouffrent dans ce besoin qu'ils contribuent largement à créer, ils fabriquent leur combustible et leur vapeur, ils s'alimentent d'événements.

À l'inverse des sociétés traditionnelles, où l'événement était une denrée rare, qui marquait les étapes essentielles d'une vie et nourrissait les rites collectifs, sacrés et profanes, nous vivons dans la surabondance événementielle. « La modernité », écrit Pierre Nora, « sécrète l'événement », cet événement, qui est devenu le merveilleux des sociétés démocratiques : il nous fait rêver, fantasmer, souffrir et pleurer, à l'unisson avec les héros d'un *show* qui se déroule tous les jours sous nos yeux. Écarté de l'historiographie, pour ses côtés anecdotiques, il nous revient donc par le biais des médias, mais ce n'est plus le même. Opposé par l'école des *Annales* à l'histoire lente des civilisations, car l'événement, c'est-à-dire le temps court, « est la plus capricieuse, la plus trompeuse des durées » (Fernand Braudel), il est à nouveau sur le devant de la scène. Transformé, métamorphosé. Et il serait absurde de penser, nous dit Jacques Le Goff, que l'historien puisse se débarrasser des événements : il s'agit, tout simplement, de leur donner la juste place à côté des autres catégories et des outils de la raison historique.

L'événement proposé par les médias contribue à la formation d'une historiographie de l'instant, il façonne les comportements, influence nos choix, il s'engouffre dans les brèches laissées par les historiens et se confond de plus en plus avec le fait divers, cet événement de série B, événement des pauvres. Au fait divers il vole parfois sa magie et son mystère, son étrangeté, « le sentiment de la fatalité qui l'habite, son luxe et sa gratuité » [14]. Mais les différences restent.

Le fait divers : nouvel opium des peuples ?

Mana quotidien, selon la célèbre définition de Georges Auclair [15], le fait divers est en même temps une « irruption de l'extraordinaire dans la vie courante » et « une des multiples formes d'agrégation sociale, un des fils qui permettent aux personnes de se rencontrer, de communier »[16]. Il est un événement marqué par l'ange du bizarre, événement minime, anodin ou tragique, qui, tout « comme le conte, le carnaval, le jeu enfantin », « permet de parler, sans en parler, de la mort, de la violence, du sexe, des lois et de leur transgression »[17]. Événement extraordinaire ou cocasse, pittoresque ou curieux, il est une des premières marchandises du système des médias, hier monopole des « canards sanglants » et aujourd'hui denrée, ô combien périssable, de tous les supermarchés médiatiques. À l'opposé de l'événement-monstre, entouré de l'aura de la grandeur et interprété par des « stars » du spectacle ou de la politique, il est l'événement saisi dans le quotidien, dans ce qu'il y a de plus banal, dans ce qui est plus proche de la vie et pourtant insolite. Indice et signe d'une réalité autre, il entretient avec cette réalité « le même rapport que la fumée avec le feu, ou la trace de pied que Robinson Crusoé aperçoit sur le sable avec l'existence de Vendredi »[18]. Les sociologues, les sémiologues et les psychologues ont insisté sur son caractère de signe, révélateur des tensions et des pulsions profondes d'une société. Mais le fait divers est en premier lieu le révélateur des choix et de l'idéologie du système des médias. Cette idéologie se nourrit, nous l'avons déjà souligné, de l'exceptionnel, de l'extraordinaire. Et c'est là une différence majeure avec la logique de la démarche historique ou scientifique, qui considère comme significatif et intéressant ce qui est répétitif et constant et non pas l'exceptionnel, l'extraordinaire, aussi spectaculaire soit-il[19].

Sans oublier que le fait divers est souvent utilisé comme « opium des peuples médiatique » pour occulter ou reléguer au deuxième plan des informations gênantes[20].

L'évolution dans le traitement du fait divers, sa dramatisation, sa mise en scène, nous révèlent un autre caractère de l'événement médiatique : la préférence pour les séries, les épisodes à suivre, les développements, selon une logique narrative influencée par les feuilletons écrits ou télévisés et de plus en plus par les lois du spectacle. Ultime métamorphose qui montre combien on est loin des convictions exprimées avec lyrisme par Christian Bobin dans son livre, *Le Très-Bas* [21] :

« Il y a peu d'événements dans une vie. Les guerres, les fêtes et tout ce qui fait du bruit ne sont pas des événements. L'événement est la vie qui survient dans une vie. Elle survient sans prévenir, sans éclat. L'événement a la forme d'un berceau. Il en a la faiblesse et la banalité. L'événement est le berceau de la vie. On n'assiste jamais à sa venue. On n'est jamais contemporain de l'invisible. »

Notes

1. Cees Nooteboom, *Le Jour des Morts*, Actes Sud, 2001, p. 105.
2. Voltaire, *Nouvelles Considérations sur l'histoire*, 1744, in *Œuvres historiques*, éd. R. Pomeau, Paris, Bibliothèque de la Pléiade, 1957, pp. 46-49. Cit. in Krzysztof Pomian, *L'ordre du temps*, Paris, Gallimard, 1984, p. 7.
3. *Ibidem*, p. 8.
4. Patrick Champagne, *Faire l'opinion. Le nouveau jeu politique*, Paris, Éditions de Minuit, 1990.
5. Christian Hermelin, *Apprendre avec l'actualité. Théorie et pédagogie de l'événement*, Paris, Retz, 1993, p. 40.
6. Voir Alain Woodrow, *Information Manipulation*, Paris, Éditions du Félin, 1991.
7. Par exemple, pour les EVN, c'est-à-dire pour l'échange d'images et de reportages entre les télévisions qui font partie du même réseau européen (UER).
8. Paul Ricœur, « Événement et sens », in J.-L. Petit, *L'événement en perspective*, Paris, Éd. de l'École des Hautes Études en Sciences Sociales, 1991, p. 50.
9. *Ibidem*, p. 54.
10. P. Ricœur, *Temps et récit*, Paris, Le Seuil, 1983, t. 1, p. 365.
11. Georges Balandier, *Le pouvoir sur scènes*, Paris, Balland, 1992, p. 147.
12. *Ibidem*, pp. 147-148
13. Pierre Nora, « Le retour de l'événement », in P. Nora/J. Le Goff, *Faire de l'histoire*, 1974, p. 297.
14. *Ibidem*, p. 294.
15. Georges Auclair, *Le Mana quotidien. Structures et fonctions de la chronique des faits divers*, Paris, Anthropos, 1982. Dans le langage des ethnologues, le mot « mana » désigne un phénomène extraordinaire ou surnaturel.
16. Michel Maffesoli, « Une forme d'agrégation tribale », in J.-C. Baillon, *Faits divers. Annales des passions excessives*, Paris, Autrement, p. 115.
17. *Ibidem*, p. 117.

18. G. Auclair, *op. cit.*, p. 139.

19. Voir Umberto Eco, *Sette anni di desiderio*, Milano, Bompiani, 1983, p. 140.

20. Cf. Pierre Bourdieu, *Sur la télévision*, Paris, Liber, 1996.

21. Christian Bobin, *Le Très-Bas*, Paris, Gallimard, 1992, p. 18.

CHAPITRE 5
LE CHOC DES PHOTOS

« Comment le sens vient-il à l'image ? Où le sens finit-il ? Et s'il finit, qu'y a-t-il au-delà ? » [1]

Roland Barthes

Un enfant criblé de balles à côté de son père impuissant. Deux tours qui s'écroulent. Un jeune étudiant seul devant un char sur la Place Tien An Men, à Pékin. Un vieux pape devant le Mur des Lamentations, à Jérusalem.

Ces images ont fait le tour du monde, diffusées en boucle par de nombreuses télévisions. Elles sont devenues, par leur force (le fameux « choc des photos »), des symboles de notre époque, plus efficaces que mille discours.

Pictura loquitur, disait Léonard de Vinci. La peinture nous parle. Elle envahit avec ses « mots », son langage, tous les recoins de la planète. Elle impose une nouvelle forme d'immanence que certains appellent « syndrome de Thomas » : ce qui existe, c'est ce que l'on peut montrer ; le reste, c'est-à-dire les faits dont nous n'avons pas d'images, n'a pas droit de cité dans le système des médias.

Pour souligner toute l'importance de l'image dans notre civilisation, Régis Debray propose une nouvelle périodisation de l'histoire de l'homme en trois grandes époques : la *logosphère*, dominée par la parole parlée, la *graphosphère*, dominée par l'écrit, et la *vidéosphère*, la nôtre, dominée par l'image sous toutes ses formes, fixes ou en mouvement [2].

Mais l'alternative parole-image, aujourd'hui comme hier, est un faux problème. En réalité, l'opposition n'a jamais été très nette, car l'image, même pendant les époques qui en ont exalté l'utilisation (que l'on pense à l'art roman et au baroque), n'a jamais été privée de parole : elle a toujours été au service d'une communication « mixte », faite de paroles – mots gravés sur la pierre ou enluminés sur les parchemins – et d'images.

De la même façon, aujourd'hui il ne s'agit pas d'opposer le « poids des mots » au « choc des photos », car l'image, celle du cinéma et de la télévision, est presque toujours accompagnée de paroles : légendes, slogans publicitaires, commentaires de toute sorte, bulles de bande dessinée. Contrairement aux prévisions de ceux qui annonçaient la fin de la galaxie Gutenberg et la mort du livre, nous assistons, grâce à l'ordinateur, à un nouveau mariage entre l'image et les mots et à une revanche de l'écrit.

Une nouvelle idolâtrie ?

Pour comprendre le pouvoir de suggestion de la télévision, des panneaux publicitaires et des magazines en papier glacé, il s'agit donc d'analyser « un objet original, qui n'est ni l'image ni le langage, mais cette image doublée de langage, que l'on pourrait appeler communication logo-iconique » [3].

Dans le système des médias, images et langage écrit ou parlé représentent une réalité unique : elles sont les deux béquilles qui soutiennent de nombreuses formes de communication. Mais leur coexistence n'est pas sans conflits.

Quand la force des images annule le poids des mots, quand les images sont un coup de poing dans l'estomac, quand elles font appel à nos instincts les plus bas, quand elles nous captivent et nous endorment ou quand elles s'imposent comme seule référence crédible, témoignage irréfutable, alors nous sommes devant une nouvelle forme d'idolâtrie.

« Qui voudrait qualifier simplement la modernité pourrait partir de là – une idolâtrie insistante, omniprésente, tatillonne et inlassable, organisant, planifiant, répliquant à l'infini la même transgression », écrit Alain de Libera [4].

Et nous ne sommes qu'au début de la révolution virtuelle et des images de synthèse qui inondent nos écrans.

« Comment le sens vient-il à l'image ? Et qu'y a-t-il au-delà ? », se demandait Roland Barthes.

Pour essayer de comprendre, il faut un retour en arrière (un « arrêt sur image »), car un fil rouge relie notre civilisation visuelle aux débats des théologiens de l'antiquité tardive et du Moyen Âge sur le rôle et la fonction des images [5].

De l'icône à la télévision

Au commencement, comme l'on sait, était le Verbe. Dans l'Ancien Testament, l'interdit des images est explicite : « Tu ne te feras aucune image sculptée, rien qui ressemble à ce qui est dans les cieux, là-haut, ou sur la terre, ici-bas, ou dans les eaux, au-dessous de la terre. Tu ne te prosterneras pas devant ces dieux et tu ne les serviras pas » (Ex 20, 4-5). Mais ce commandement, renouvelé dans le livre du Deutéronome (4, 15-18), n'a pas toujours été interprété comme un interdit absolu, ainsi que le démontrent les peintures murales retrouvées dans les synagogues de Capharnaüm et de Doura-Europos, en Syrie.

L'aniconisme des Hébreux (leur refus des images) fut beaucoup plus souple que ce que l'on pensait il y a quelques années. Mais l'on ne peut pas nier qu'il influença les chrétiens des trois premiers siècles.

Tertullien, Minucius Felix et d'autres auteurs s'opposent très clairement à l'utilisation des images dans le culte, car à leur époque il s'agit de montrer sans équivoque la nouveauté du christianisme par rapport à la religion païenne, qui attribuait aux images et aux idoles une place importante [6].

Tout change à partir du Ve siècle. Les symboles stylisés des origines chrétiennes (le poisson, la colombe, l'agneau, le bon Pasteur) sont remplacés petit à petit par les représentations du Christ et des saints. Ces images, qui vont assumer dans le monde byzantin une place de premier plan dans l'expression de la foi, seront à l'origine de la longue controverse iconoclaste.

Comme l'ont montré de nombreux historiens, les causes du conflit entre les défenseurs des images sacrées, les « iconodules », et leurs ennemis furent multiples : politiques et pas seulement théologiques [7]. Mais, indéniablement, la crise iconoclaste fut l'explosion la plus violente d'un conflit toujours latent à l'intérieur du christianisme : le conflit sur la « visibilité » et sur l'« invisibilité » de Dieu, dispute qui renvoie en définitive au mystère central de la foi chrétienne, l'Incarnation, et à l'union des contraires dans le Christ, vrai Dieu et vrai homme.

Si Dieu a pris figure d'homme, s'il s'est incarné, s'il s'est fait visage, image, alors il devient licite de le représenter. « Je ne fais pas d'image de l'invisible divinité, mais bien de la chair de Dieu qui a été vue », écrit saint Jean Damascène (vers 730) dans son troisième discours « contre les calomniateurs des images », véritable chef-d'œuvre théologique.

Avec cet argument, qui triompha au deuxième concile de Nicée, en 787, les « iconodules » défendaient non seulement la fonction didactico-pédagogique des images sacrées, mais le fondement même de la foi : l'Incarnation, justement. Contre toute accusation d'idolâtrie de la part des iconoclastes, ils défendaient non pas le culte des images, mais celui du Christ et des saints, les « prototypes », représentés sur le bois des icônes ou sur les murs des églises.

Comme l'a montré Daniele Menozzi, le débat connut de nombreux rebondissements [8]. En jeu, il n'y avait pas seulement le triomphe d'une doctrine sur une autre, mais bien une conception du monde, ce que le patriarche Nicéphore, l'un des plus ardents défenseurs des icônes ne manqua pas de souligner : « ce n'est pas le Christ, mais c'est l'univers entier qui disparaît s'il n'y a plus ni circonscriptibilité ni image » [9].

De nombreux Pères d'Orient et d'Occident défendirent la même doctrine.

En Occident, la meilleure légitimation des images apparaît sous la plume du pape Grégoire le Grand (590-604) dans sa célèbre lettre à l'évêque Serenus de Marseille (un iconoclaste avant la lettre, qui avait fait enlever toutes les images des églises de son diocèse) : « Une chose c'est d'adorer une peinture et une toute autre chose c'est d'apprendre de l'histoire représentée ce qu'il faut adorer. Car la peinture apprend aux illettrés ce que l'Écriture enseigne aux personnes cultivées. La peinture est la lecture des illettrés. » [10]

Contestée par les théologiens et les évêques qui réclamaient une plus grande pureté évangélique, l'orthodoxie grégorienne s'imposa seulement à la fin de la controverse iconoclaste, sans toutefois balayer toutes les objections et les doutes, comme en témoigne la voie médiane entre iconoclastie et iconodulie, exprimée par les mots *nec adorare nec frangi*, ni adorer, ni casser (les images, évidemment), des *Libri carolini*, au VIIIe siècle.

Au Moyen Âge, le thème de la *pictura quasi scriptura* devint un *topos*, le point de départ de nombreuses réflexions qui attribuaient aux images généralement trois fonctions : une fonction pédagogique ou catéchétique (l'instruction des illettrés), une fonction pratique ou esthétique (la décoration des églises) et une fonction spirituelle, de contemplation des mystères sacrés.

Au XIIe siècle, un écrivain prolifique (et prolixe) comme Honorius d'Autun synthétisait ainsi le but de la peinture : « en premier lieu, elle est *laicorum litteratura*, la littérature des laïcs ; deuxièmement, elle permet de décorer la maison de Dieu ; troisièmement, elle permet de parcourir par la mémoire la vie de ceux qui nous ont précédés dans la foi » [11].

Lors des siècles suivants, l'argument de la *muta praedicatio*, la prédication muette réalisée par les images, fut repris par de nombreux théologiens ou écrivains ecclésiastiques. Et le schéma de la triple fonction de l'art devint, avec très peu de variantes, un motif récurrent. Selon saint Bonaventure (1217-1274), l'introduction des images « eut une triple cause, soit l'inculture des simples, la tiédeur des affections, l'impermanence de la mémoire ». Car, en effet, « ce que nous voyons suscite davantage nos affections que ce que nous entendons » [12].

En soulignant la fonction de la peinture comme littérature des incultes, l'évêque de Mende, Guillaume Durand (1230-1296), utilise une formule encore plus radicale, quand on connaît l'amour que les moines du Moyen Âge avaient pour les livres : « Grâce à la peinture le fait est posé devant les yeux ; à travers l'écriture, il est en revanche rappelé à la mémoire comme par ouï-dire, ce qui émeut l'âme moins fortement. Voila pourquoi dans l' Église nous avons plus de respect pour les images et les peintures que pour les livres. » [13]

On pourrait multiplier les exemples. Et rappeler que le mot *imago* au Moyen Âge désigne au moins trois choses différentes : une notion théologico-anthropologique (par exemple, l'homme à l'*image* de Dieu) ; les productions symboliques des hommes (par exemple, les métaphores du langage) ; les images mentales, par exemple les productions de la mémoire et du rêve [14].

Pour la culture médiévale les images sont un médium précieux et complexe : tour à tour, *litterae laicorum* (la littérature des laïcs, incultes par définition), bible des pauvres, figure, allégorie, reflet visible des choses invisibles, forme de contemplation, exercice mnémotechnique, instrument catéchétique ou pédagogique au service des illettrés, moyen de contrôle des consciences, expression du merveilleux, exorcisme…

Dans le meilleur des cas, elles ont le rôle de guider l'âme vers la beauté authentique, selon la célèbre formule de Suger de Saint-Denis : « par la beauté sensible, l'âme s'élève à la beauté véritable, et de la terre où elle gisait, submergée, elle ressuscite au ciel par la lumière de ces splendeurs ».

Ce n'est pas le lieu ici de parcourir en détail l'histoire controversée de l'image en Occident [15].

Mais il est important de ne jamais oublier cette toile de fond, si l'on veut comprendre quel est le véritable impact des images dans l'univers médiatique d'aujourd'hui. Car, comme l'écrit Susan Sontag, « la compréhension religieuse discerne des trésors de sens dans ce qu'il y a de plus banal et de plus insignifiant, désigne comme le plus riche porteur de sens celui qui en est le plus dépourvu » [16].

On ne fait pas l'histoire avec des « si », mais sans le triomphe des images à Nicée, en 787, nous n'aurions eu ni Hollywood ni la télévision (ni l'art roman ni la Renaissance, c'est-à-dire une culture visuelle qui nous a légué d'innombrables chefs-d'œuvre).

Une arme

Et aujourd'hui ? Celles de la télévision ne sont pas, grâce à Dieu, des images sacrées (pas encore). Mais comment ne pas voir le rôle de plus en plus envahissant qu'elles exercent dans tous les domaines ?

Les images sont omniprésentes. Tout n'est – assez souvent – qu'une question d'image. Même des iconoclastes forcenés comme Ben Laden et les Talibans (destructeurs des Bouddhas de Bamyan) l'ont compris, avec ces

« cassettes » diffusées au bon moment par les télévisions de la planète.

Par le pouvoir qu'elles ont de susciter l'émotion et l'indignation, l'horreur ou la pitié, les images deviennent un des moteurs de la lutte politique, une arme que l'on manipule ou que l'on exploite pour provoquer une réaction.

« Agir "pour ne plus revoir de telles images" ; faire quelque chose pour ne plus *voir* cela. C'est de ce *pudendum* que naissent les grandes décisions », écrit Alain de Libera[17].

Les images comme cache-misère, en quelque sorte. Ou comme moyens pour réécrire l'histoire, la réorienter, la réinterpréter. Mais aussi comme symboles ou comme *vexilla* du pouvoir, comme emblèmes identitaires, signes d'appartenance à un groupe social, une communauté, une institution.

Les images classent et rangent les individus, leur offrent des drapeaux, des bannières derrière lesquelles se rassembler, se sentir partie d'un tout beaucoup plus grand.

On ne peut pas nier qu'au lieu de nous conduire vers le *haut*, elles nous amènent souvent vers le *bas*, en faisant appel non seulement aux sentiments et aux émotions, mais aussi aux préjugés ancrés dans notre subconscient. Comme l'avaient remarqué les auteurs de l'Antiquité, l'impact émotionnel produit par les images, quand il s'agit de scènes de douleur, de guerre ou de mort, dépasse largement l'émotion suscitée par la lecture d'un livre (ou d'un article).

Nous en faisons quotidiennement l'expérience : la *vue* prime sur l'*ouïe*.

Dans plusieurs cas, les images exercent donc un véritable impérialisme, une dictature. Mais il faut se méfier de toute réaction moralisante. Car il est plus utile de s'interroger, comme les auteurs du Moyen Âge, sur les fonctions et les codes de ce médium puissant. Et – pourquoi pas ? – sur la grammaire et sur la rhétorique de l'image télévisuelle, sur ses trucages, ses « astuces », ses manipulations volontaires et ses erreurs involontaires. S'interroger sur les choix du cadrage et du montage, sur ce qui reste hors du cadre et qui est souvent indispensable à la compréhension de la totalité.

Pour une pédagogie de la vision

Les images ont modifié notre vision du monde, notre perception des événements proches et lointains : un événement sans images a une durée éphémère ; au contraire, une image « forte » se passe souvent – comme l'on dit – de commentaires, elle impose un événement sur le devant de la scène par sa seule autorité. Mais la transformation la plus importante, la vraie mutation anthropologique, est celle qui concerne notre sensibilité.

L'autorité « évidente » (même s'il n'y a jamais rien d'évident en ce qui concerne les images) d'un fait placé sous nos yeux nous impose un nouveau comportement, une nouvelle façon de réagir, qui tendent à privilégier l'émotion plutôt que l'esprit critique ou l'évaluation sereine des « pour » et des « contre ». Cette métamorphose nous rend plus vulnérables, prêts à succomber aux mirages ou aux leurres de l'actualité.

Et il devient alors indispensable – comme le disait Roland Barthes – de s'interroger sur le sens des images et surtout sur ce qu'il y a *au-delà* de leur sens premier, s'interroger sur la signification allégorique ou morale, sur le sens caché, sur ce que les images ne nous disent pas.

La liste des questions pourrait être longue : à quelle réalité les images que nous voyons sur le petit écran nous renvoient-elles ? À quel contexte ? À quelles figures rhétoriques font-elles appel ? Dans quel genre de communication sont-elles utilisées ? Quel rapport entretiennent-elles avec les mots, le commentaire ? Sont-elles autonomes ou, au contraire, pour que leur sens se manifeste, ont-elles besoin d'une légende, d'une explication, de quelques lignes de texte ?

Dans son étude sur « les sources byzantines de l'imaginaire contemporain », Marie-José Mondzain nous rappelle que « ce qui rend l'image énigmatique c'est son absence de mystère. L'invisible en elle ne se cache pas, mais tout au contraire se manifeste. Son énigme n'est pas un secret et ne repose sur nul savoir occulte ou réservé »[18].

C'est cette transparence illusoire qui rend l'image difficile à analyser. Mais c'est de là qu'il faut partir si l'on ne veut pas rester à la surface des choses, si l'on veut comprendre quel est le rôle de l'image ou plutôt, comme diraient les Byzantins, son *oikonomia*, dans l'espace médiatique d'aujourd'hui.

À sa façon, Magritte ne nous dit pas autre chose quand il nous montre la reproduction d'une pipe, avec cette légende : « Ceci n'est pas une pipe ». Rien – comme l'on sait – n'est plus trompeur que l'apparence. Mais c'est d'elle (de cette apparence que d'autres nomment « le sens premier ») que, malgré tout, il faut partir, si l'on veut aller à la découverte des sens figurés ou cachés.

Images sacrées

Dans nos églises d'aujourd'hui les images ne sont plus source de conflits. Oubliées les tentations iconoclastes du passé (sous leur forme byzantine ou protestante), la question du statut de l'image sacrée ne déchire plus les chrétiens. Importées de l'Orient, les icônes sont désormais partout une présence familière et quasiment banale. Mais c'est justement cette « banalisation » qui pose problème : les images sont là, mais elles semblent muettes, elles n'ont plus rien à nous dire. Elles sont le plus souvent, pour reprendre une distinction classique, *signe* d'une réalité autre, mais elles ne sont plus, pour tous, *symbole*, car nous avons perdu les clés d'accès à la culture à laquelle elles renvoient. Il est alors important de s'interroger – comme l'écrit François Bœspflug – sur les tâches théologiques nécessaires à la réévaluation des images dans l'espace chrétien[19]. S'interroger sur le rapport image et vérité, image et style, sur la place des nouvelles images (celle de synthèse) dans la pratique de la catéchèse et sur le rôle des images dans l'annonce de l'Évangile. Sans ce travail de réflexion un pan considérable de notre histoire risquerait de devenir inintelligible. Et la recherche de nouvelles formes, de nouveaux langages quasiment impossible, en coupant l'Église de l'art et des artistes d'aujourd'hui.

Notes

1. Roland Barthes, « Rhétorique de l'image », *Œuvres complètes*, t. 1, Paris, Le Seuil, 1993, p. 1417.
2. Régis Debray, *Vie et mort de l'image. Une histoire du regard en Occident*, Paris, Gallimard, 1992.
3. Roland Barthes, « La civilisation de l'image », *Œuvres complètes*, t. 1, Paris, Le Seuil, 1993, p. 1411.
4. Alain de Libera, « Voir l'invisible », *Critique*, juin-juillet 1996, p. 419.
5. Cf. Marie-José Mondzain, *Image, icône, économie. Les sources byzantines de l'imaginaire contemporain*, Paris, Le Seuil, 1996.
6. Voir Daniele Menozzi, *Les images - L'Église et les arts visuels*, Paris, Le Cerf, 1991.
7. Voir Peter Brown, « Une crise des Siècles sombres. Aspects de la controverse iconoclaste », in *La société et le sacré dans l'Antiquité tardive*, Paris, Le Seuil, 1985, p. 199-244.
8. *Ibidem.*
9. Nicephore le Patriarche, *Antirrhétiques*, I, PG 100, 244 D.
10. Grégoire le Grand, *Epistola XIII*, PL LXXVII (1128-1130).
11. Honorius d'Autun, *Gemma animae*, 132, PL 172, c. 586).
12. Cité in D. Menozzi, *Les images…*, p. 132.
13. *Ibidem*, p. 137.
14. Voir Jean-Claude Schmitt, « La culture de l'imago », *Annales*, janvier-février 1996, p. 3-36.
15. Voir, à ce sujet, l'ouvrage désormais classique de Hans Belting, *image et culte. Une histoire de l'art avant l'époque de l'art*, Paris, Le Cerf, 1998.

Voir aussi Alain Besançon, *L'image interdite. Une histoire intellectuelle de l'iconoclasme*, Paris, Fayard, 1994. Et, pour le débat théologique, Jérôme Cottin, *Le regard et la parole. Une théologie protestante de l'image*, Genève, Labor et fides, 1994.

16. Cité in J. Cottin, *Le regard et la parole…*, p. 7.
17. A. de Libera, « Voir l'invisible », *op. cit.*, p. 419.
18. M.J. Mondzain, *Image, icône, économie, op. cit.*, p. 267.
19. François Bœspflug, « Images », *Dictionnaire critique de théologie*, Paris, PUF, 1998, p. 553-557.

CHAPITRE 6

PAROLE ET GESTES : UN ETHNOLOGUE CHEZ LES « CATHOS »

« Si Dieu, comme l'affirmait Aby Warburg, "réside dans les détails", la foi, elle, est dans la correction des coquilles. » [1]

George Steiner

Savez-vous que Lionel Jospin est « ambidextre et droitier », car « l'homme privé s'exprime de la main droite et l'homme public de la main gauche » ?

Le fait de le savoir ne va pas changer votre vie. Vous avez probablement raison. Quoique…

La rhétorique des gestes est depuis l'Antiquité une composante essentielle des joutes politiques, analysée en détail par de nombreux chercheurs. Elle est aussi un élément non négligeable de la communication médiatique d'aujourd'hui [2]. Mouvement des pouces ou de l'index, froncement de sourcils, clins d'œil, mimiques du visage : voilà les signes qu'une *armada* de consultants ou d'experts en communication traque, analyse, décortique pour déceler l'anxiété, le trac, l'agressivité chez tel ou tel personnage de l'*agora* médiatique. Il s'agit, le plus souvent, de chercher les points de force ou de faiblesse d'un candidat ou d'un grand patron, pour en corriger l'*image*, le *look* et en faire un *battant*, un *gagnant*, selon le jargon des précieuses ridicules et des cuistres de la communication.

Il y a souvent dans ces recherches et dans ce travail un malentendu savamment entretenu, comme si la communication était un fait purement formel, vide de tout contenu ; comme s'il s'agissait de soigner le *look* d'un candidat, sans se soucier le moins du monde de ses idées. Chaque jour nous faisons l'expérience de ce formalisme envahissant : il suffit d'ouvrir à n'importe quelle heure la petite lucarne pour s'en rendre compte.

Toutefois, on se tromperait à sous-estimer l'importance de ce que l'anthropologue américain Edward T. Hall appelle *le langage silencieux*, le langage des gestes.

Non, l'homme n'est pas un « singe nu », comme le prétendent certains (si heureux – disait Chesterton – de descendre d'un singe). Dans la communication humaine, parole et gestes constituent un tout qu'il faut analyser en tant que tel. Et c'est là, dans l'analyse de ce « tout », que la *kynésique*, la discipline qui étudie la gestuelle, peut se révéler très utile, en nous montrant l'importance de ces micro-rituels apparemment anodins dont est truffée notre vie en public (comme, par exemple, demander l'heure à quelqu'un ou répéter machinalement : « comment ça va ? »).

Une religion du signe

Que la communication ne soit pas seulement parole, les chrétiens le savent depuis toujours, car le christianisme est *une religion du signe*, aux multiples sens du terme. Notre rhétorique gestuelle a été forgée par les signes et les symboles de la tradition chrétienne, depuis l'art et les liturgies des catacombes jusqu'aux expressions rituelles et artistiques d'aujourd'hui : gestes sacramentels ou de prière, d'offrande ou de bénédiction, pour rassurer et protéger, pour inviter au silence et à la contemplation. Il y a une *raison des gestes*, un savoir et des techniques qui se sont formés au long des siècles et qui constituent un *corpus* d'une richesse foisonnante [3].

Or, qu'en est-il de ce langage silencieux, de cette *raison des gestes* dans la communication de l'Église et des chrétiens d'aujourd'hui ?

N'y a-t-il pas, trop souvent, comme une dissociation entre des réalités qu'il faut tenir ensemble, comme une séparation entre dire, voir et faire [4], un divorce entre parole et gestes qui crée des caricatures dont les personnages du film *La vie est un long fleuve tranquille* (1988) ne sont que des exemples parmi tant d'autres ?

Je ne parle pas ici de la liturgie, qui a ses codes et ses signes et qui demande un discours à part. Je parle de la communication publique (pas forcément médiatique) des chrétiens.

Marcel Mauss dans un article de 1934 disait pouvoir reconnaître très facilement dans la rue une jeune fille qui a été élevée au couvent : « elle marche, généralement, les poings fermés » [5].

Aujourd'hui l'expérience n'aboutirait probablement pas aux mêmes conclusions : combien de jeunes filles élevées au couvent y a-t-il encore dans nos villes ? Mais l'on ne peut pas nier l'existence de codes comportementaux et de *techniques du corps* qui sont autant d'indices d'appartenance à la tribu des chrétiens, à commencer par la tenue vestimentaire et jusqu'aux mimiques du visage. Et un anthropologue facétieux pourrait s'amuser à cataloguer les différents types de sourire de cette tribu, depuis le sourire empreint de gravité du moine bénédictin (la *gravitas* monastique) jusqu'au sourire crispé estampillé sur les lèvres des appartenants à certains mouvements nouveaux.

Les codes ont une fonction importante de reconnaissance (on se reconnaît et on permet aux autres de se reconnaître comme membres d'un groupe). Mais en même temps ils classent, ils rangent, ils excluent, ils créent des frontières et des barrières entre nous et les autres. Et c'est là que le bât blesse, car – comme l'écrit Michel de Certeau – « l'expérience chrétienne refuse profondément cette réduction à la loi du groupe » [6]. « On pourrait dire que l'Église », ajoute de Certeau, « est une secte qui n'accepte jamais de l'être. Elle est attirée constamment hors de soi par ces "étrangers" qui lui enlèvent ses biens, qui surprennent toujours les élaborations et les institutions péniblement acquises, et en qui la foi vivante reconnaît peu à peu le Voleur – celui qui vient ».

Entre « loi du groupe » et ouverture à l'autre, il y a donc la nécessité d'un *dépassement* incessant, d'un va-et-vient qui empêche toute tentation de repli, de fermeture ou, pire, de fièvre identitaire. Car, comme nous le rappelle la *Lettre à Diognète* (V, 1-3), « les chrétiens ne se distinguent des autres hommes ni par le pays, ni par le langage, ni par les vêtements. Ils n'habitent pas de villes qui leur soient propres, ils ne se servent pas de quelque dialecte extraordinaire, leur genre de vie n'a rien de singulier ».

En d'autres termes, l'identité chrétienne ne se bâtit jamais contre l'autre, elle n'exclut pas, elle n'est pas figée, mais ouverte, en mouvement, toujours prête à s'interroger et à se laisser interroger par l'autre. D'où l'extraordinaire richesse de formes, de signes et de symboles élaborés au cours des siècles, au contact avec des cultures différentes.

Et aujourd'hui ? Entre repli identitaire et dispersion dans le monde, n'y a-t-il pas la nécessité de redécouvrir la *raison des gestes* qui ont façonné notre culture et l'expression de la foi ? N'y a-t-il pas l'exigence de s'interroger sur l'efficacité médiatique du discours chrétien en sa double réalité de parole et de gestes ?

L'inculturation de la foi dans l'univers des médias passe aussi par l'adaptation créatrice des signes et des expressions gestuelles hérités de deux mille ans de christianisme. Et par une réflexion sans concessions sur tout ce qui encombre ou rend peu crédible l'annonce de l'Évangile : une réflexion sur les *techniques du corps*, les tics et les signes identitaires, qui loin d'être un exercice purement formel pose des questions essentielles pour l'avenir du christianisme dans nos sociétés hyper-médiatisées.

Les sémiologues et les sociologues nous parlent, à ce sujet, d'« opérateurs de connivence » que l'on utilise en communication et dans les micro-rituels de notre vie quotidienne pour capter l'attention et la bienveillance, pour susciter la sympathie et faire « passer un message ». Quels sont ces « opérateurs de connivence » ? Serrer des mains, toucher, tapoter amicalement l'épaule de quelqu'un, sourire, adresser un clin d'œil de complicité, pleurer…

Mais l'expression « opérateurs de connivence » (avec les soupçons d'utilitarisme qu'elle traîne) ne convient pas à notre réflexion sur la *raison des gestes*. Il vaut mieux employer le mot de « compétence » ou, tout simplement, de « technique » au sens de Marcel Mauss [7].

« Ceux qui pensent que le langage peut tout dire de l'univers éprouveront sans doute des difficultés à supporter les rites et les mythes, les tableaux de Picasso et la musique de Mozart mais aussi la passion amoureuse, la haine ou l'amitié », écrit Maurice Gruau [8]. Ces mêmes personnes considéreront avec suffisance les gestes infimes, les rituels microscopiques, ces mimiques et ces coups d'œil qui expriment la solidarité, la compassion ou la gêne et qui, mieux que de longs discours, révèlent les non-dits, les failles, les blessures intimes, l'arrogance ou l'amour de l'autre.

Réduire « le rite et le mythe à n'être que l'équivalent dégradé du discours et de la pensée » c'est se tromper de route, s'engouffrer dans une impasse [9]. Il en va de même des gestes et des rites d'interaction, des micro-rites de notre vie quotidienne : loin d'être de simples succédanés de la parole parlée, ils sont riches de sens et d'enseignements, à condition de savoir les ausculter et les décrypter.

Parmi ces faits et gestes, il y en a cinq sur lesquels nous voulons nous arrêter, pour leur rôle évident dans la communication humaine, médiatique ou pas : le langage des mains, le rire, les larmes, le regard, la voix.

Qu'en est-il aujourd'hui de ces réalités chez les « cathos » et, plus généralement, dans l'espace public ? De quelle façon s'exprime, dans les micro-rituels de notre vie quotidienne, la *raison des gestes* que nous avons héritée d'une longue histoire ?

« Quoy des mains ? », demandait Montaigne [10].

« Nous requerons, nous promettons, appellons, congedions, menaçons, prions, supplions, nions, refusons, interrogeons, admirons, nombrons, confessons, repentons, craignons, vergoignons, doubtons, instruisons, commandons, incitons, encourageons, jurons, temoignons, accusons, condamnons, absolvons… » La liste est encore longue. Le nombre de choses que nous pouvons faire ou exprimer avec les mains demanderait un ouvrage plus épais que certains grimoires anciens.

Montaigne le savait. L'*homo faber* parle avec les mains : en paraphrasant le philosophe grec Anaxagore (« l'homme est intelligent car il a des mains »), on pourrait même dire qu'il est *faber*, qu'il bâtit des maisons ou des châteaux en Espagne, grâce à ses mains.

Notre raison technique et instrumentale serait inconcevable sans le dressage auquel la culture a soumis nos mains, au long des siècles et des millénaires. Et pourtant, dans le théâtre des apparences, les mains nous gênent et souvent nous aimerions les cacher.

En analysant la photo officielle du premier gouvernement Thatcher (mai 1979), l'écrivain anglais Julian Barnes décrit avec son humour habituel la question métaphysique qui se pose à tout homme politique en pareille situation : que faire des mains ?

« En croisant les bras, comme Keith Joseph, on paraît froid et guindé, sur la défensive. Joindre les mains sur son estomac volumineux, comme lord Hailsham, risque de passer pour la satisfaction béate d'un gourmet repu. Si l'on tient son poignet gauche de la main droite, en laissant pendre la main gauche sur la cuisse, comme lord Carrington, on semble indécis, un peu mou. Quant à mettre ses deux mains en coupe devant son entrejambe, comme James Prior, c'est franchement déconseillé. » [11]

On pourrait répéter l'expérience devant n'importe quelle photo officielle ou de famille, pour revenir toujours aux questions de Montaigne : « Quoy des mains ? Et quoy non ? »

À l'époque baroque, les auteurs de manuels de savoir-vivre à l'usage des princes ou des courtisans ont établi des listes minutieuses de gestes, des catalogues aussi complets que possible de tout ce que nous pouvons dire avec nos mains. Il s'agit de véritables encyclopédies et grammaires encore utiles : des œuvres qui montrent, sans ambiguïté, l'origine culturelle de la plupart de nos gestes (car les gestes, contrairement à ce que prétendent certains anthropologues néo-évolutionnistes, ne sont pas universels, ils n'ont pas la même signification partout et un même geste peut vouloir dire deux choses différentes selon les cultures).

Tous ces catalogues et toutes ces grammaires seraient bien autre chose sans la *raison des gestes* issue du christianisme, sans ce savoir que nous retrouvons sur la pierre des églises romanes et des cathédrales, dans les gestes du Christ bénissant ou dans l'attitude de la Vierge et des apôtres : inutile d'y insister.

Mais aujourd'hui ? Que peuvent-ils bien dire aujourd'hui les chrétiens avec leurs gestes ?

Je ne sais pas si la main exprime toujours la puissance de Dieu, comme c'était le cas dans certaines religions. Je sais, en revanche, qu'elle peut être le signe d'un compagnonnage avec les plus pauvres, les démunis, les opprimés, le signe de la solidarité et de la compassion.

Il y a un Évangile des mains : l'Évangile d'une Église servante et pauvre, d'une Église qui ne rejette pas, n'exclut pas, mais accueille. Une Église qui n'hésite pas à se *salir les mains* et qui – comme le Jean Baptiste que Grünewald a peint dans son célèbre retable d'Issenheim – montre, avec ses mains, le Christ sauveur, son seul et unique « but ».

Cette sagesse des mains est bien plus qu'un « opérateur de connivence », une technique et un savoir à utiliser pour persuader ou convaincre. Elle n'est pas seulement une composante de la rhétorique, à étudier dans les écoles de communication. C'est – comme le rire et les larmes – une des ressources qui permettent d'humaniser la communication, de la soustraire à l'emprise de la technique et à la dictature de l'*homo faber*, de l'homme à une seule dimension.

Rire aux éclats

François Rabelais les appelait avec mépris « agelastes », c'est-à-dire ceux qui ne rient pas, les ennemis du rire, race dangereuse, à fuir comme la peste, espèce plus ennuyeuse que la pluie. Le Dieu des « agelastes » est un Dieu triste, un juge implacable, scrutateur de nos fautes et de nos faiblesses. Un père fouettard sévère et austère, éternellement courroucé. Tout le contraire d'un Dieu qui danse et qui rit. Tout le contraire, en somme, de la Sagesse que certaines enluminures médiévales nous montrent en train de jouer au *foot* avec le globe terrestre, comme si la création, ainsi que l'écrit le livre des Proverbes (8, 27-31), était issue de ce *match* cosmique : « Quand il affermit les cieux, j'étais là, quand il traça un cercle à la surface de l'abîme… j'étais à ses côtés comme maître d'œuvre, je faisais ses délices, jour après jour, m'ébattant en sa présence, m'ébattant sur la surface de sa terre. »

Si Dieu joue, rit et danse, alors pourquoi une telle méfiance pour le rire, de si nombreuses incompréhensions ? Le grand Aristote n'avait-il pas dit (*De anima*, livre III) que « parmi tous les vivants, l'homme est le seul qui soit capable de rire » ?

Cette affirmation ne suffisait-elle pas à affranchir une fois pour toutes le rire de tout soupçon ?

La tentation « agelaste » traverse toute l'histoire du christianisme [12]. Mais il ne faudrait pas oublier qu'à côté des condamnations proférées par Tertullien, Cyprien, Jean Chrysostome (pour ne citer que les plus célèbres) il y a aussi tout un courant qui considère le rire comme un don, comme une bonne chose. Car le rire a aussi deux visages : il peut blesser et offenser ou, au contraire, soulager, nous faire oublier nos souffrances, nous rendre joyeux et nous distraire. Il y a, en somme, un rire méchant, de mépris ou de sarcasme, un rire qui rabaisse et un rire qui élève, qui soulage, qui soigne. Il y a le rire moqueur, le rire blessant, le rire sans grâce, le rire gras du comique troupier. Et, à l'opposé, le rire qui nous permet de relativiser nos misères, de ne pas nous prendre au sérieux, de regarder la vie avec d'autres yeux. Mais attention – comme l'écrivait le grand théologien Karl Rahner dans une « petite théologie du rire » – à ne pas mépriser les rires sonores, le rire dont nous parlent des expressions familières : « à mourir de rire », « rire aux larmes », « se tordre de rire ». Le rire – même celui qui est sans profondeur, enfantin ou puéril, considéré comme inconvenant par quelques bonnes âmes – peut nous rendre conscients de nos limites et nous aider à regarder les autres, les choses, le monde avec sympathie [13].

Il y a quelques années (juillet 1986), la prestigieuse revue des jésuites italiens, *Civiltà cattolica,* fit un certain bruit avec un éditorial sur l'humour de Dieu. L'auteur de l'article se demandait si l'humour n'était pas une vertu chrétienne et si Dieu n'était pas un humoriste. Malgré toutes les prudences du langage théologique, la conclusion était claire : « christianisme et humour s'accordent parfaitement, même si à première vue on peut penser le contraire » ; « en matière d'humour Dieu est un maître insurpassable ». Toute l'histoire de l'Église est placée sous le signe de ce divin *sense of humour*. Saint Paul dans la première lettre aux Corinthiens (1 Co 1, 27) dit que Dieu a choisi « ce qu'il y a de fou dans le monde… pour confondre les sages », « ce qu'il y de faible dans le monde… pour confondre ce qui est fort ».

C'est le monde à l'envers, la sagesse paradoxale des Béatitudes.

L'exil du rire ou, pire, de l'humour est donc totalement injustifié, n'a aucun fondement théologique. Dieu rit et le rire de l'homme peut être considéré comme l'écho du rire de Dieu, prélude du rire éternel, des rires qui résonneront dans les demeures éternelles. En savent quelque chose les saints – de Thérèse d'Avila, Thomas More et Filippo Neri jusqu'à Madeleine Delbrêl, Giorgio La Pira, Jean XXIII – et ceux qui en ce monde sont devenus les témoins d'une sagesse souriante, comme les « saints mimes », ces comédiens et jongleurs de la tradition byzantine [14].

Notre époque a essayé d'amadouer le rire. On rit de plus en plus sur commande, quand la lumière clignote, comme dans ces insupportables séries télévisées. Et l'on rit de moins en moins librement : les occasions d'un rire authentique, libérateur et régénérateur sont de moins en moins fréquentes. Les grandes fêtes collectives – et non pas la triste parodie des *rave parties* – ont disparu de notre horizon social. Le carnaval survit dans quelques régions, mais il n'est plus la célébration du monde à l'envers, fête authentiquement populaire, contestation de l'ordre ou du désordre établi. Et ce n'est pas sans raison que la seule fête qui semble s'imposer ces derniers temps, grâce au matraquage publicitaire et au commerce, soit le macabre Halloween.

Il est donc urgent de retrouver le courant festif qui a marqué notre histoire pendant de longs siècles, avec ses explosions de joie collective et ses célébrations. Que l'on pense à la « fête des fous », au Moyen Âge, et au « rire de pâques », *risus paschalis*, suscité par des sermons qui mettaient en lumière les aspects comiques ou joyeux de l'histoire sacrée. Ou à l'image patristique du Christ comme « nouvel Orphée », comme celui qui invite à la danse. Ou encore au Christ clown peint par Georges Rouault. Ainsi – peut-être – redécouvrirons nous, comme nous y invitait dans les années 1970 le théologien protestant Harvey Cox, le sens profond de la fête et de la fantaisie. Et, avec elles, du rire, élément indispensable pour affronter nos mésaventures quotidiennes (et nos éventuels « plans de communication ») avec le nécessaire détachement. Car le diable – disait Friedrich Nietzsche – c'est l'esprit de pesanteur. C'est-à-dire le contraire de la légèreté aérienne de l'humour.

Larmes artificielles

Y a-t-il une place pour les larmes dans la scène publique ? Ou s'agit-il d'une question taboue, intime, privée, à traiter avec gêne ou précaution, comme ce fut le cas avec les larmes de madame Boutin à l'Assemblée nationale lors du débat sur le Pacs ? Et que dire du dolorisme présent encore aujourd'hui dans certaines formes de spiritualité ?

Chaque jour se déversent à travers du petit écran des torrents ou, plutôt, des fleuves de larmes. Larmes de rage. De douleur. De surprise. De peur. Et parfois de bonheur. Larmes pour Diana et pour Mère Teresa, pour les victimes du terrorisme ou d'une catastrophe. Larmes pour un ami ou pour un proche retrouvé. Jamais les larmes n'ont occupé autant d'espace dans le théâtre des apparences. Impudiques et douceâtres, elles s'insinuent à tout moment, en tous milieux et en toutes situations. Tragiques ou ridicules, elles inondent nos maisons et laissent, à leur passage, une étrange saveur, un mélange d'attraction et de rejet. Mais on ne pleure plus. Les larmes du petit écran sont des larmes synthétiques, gouttes artificielles produites en laboratoire par les magiciens Merlin de l'ère électronique.

Les vraies larmes ont été effacées de notre horizon social, reléguées aux marges, à la vie privée, à la douleur et au désespoir solitaire. Dans certains pays, comme l'Italie, il arrive aujourd'hui que l'on applaudisse même aux funérailles : indécence doublée de narcissisme collectif, comme s'il fallait par les applaudissements exorciser les larmes et transformer le deuil en spectacle.

Sur le petit écran les larmes coulent encore à flots, dans les *sit-com* ou dans ce que certains appellent la télévision de l'intimité. Mais on ne pleure plus en public. La larme – comme la nostalgie – n'est plus ce qu'elle était.

Personne ne se plaindra de cette perte. Et pourtant une société qui ne sait pas pleurer ou qui pleure seulement sur commande, à la mort du héros de la dernière série télévisée, est une société qui a perdu quelque chose d'essentiel, une société qui ne sait plus ou qui ne peut plus rire que sur commande. Ce changement est, somme toute, assez récent dans l'histoire de l'humanité.

Pétrarque chantait « l'homme qui pleure, qui pense et qui écrit ». Dans les textes de rhétorique ancienne, dans les anciens manuels de physiologie ou dans les traités de l'époque baroque les larmes occupaient une place de premier plan. Pour ne pas parler des classiques grecs et latins, de Homère à Catulle. Larmes théâtrales, bien visibles, larmes de l'amant pour l'aimée, larmes de tourment, de peur, de désespoir. Larmes qui suscitent compassion ou mépris. Larmes fausses, larmes d'encre, larmes en musique, comme celles, bien connues, du compositeur anglais Dowland (*semper dolens*) ou de Monteverdi, Purcell, Haendel.

Une histoire sociale des larmes reste à écrire [15]. Histoire de sentiments et d'affects, de passions cachées ou exhibées. Car les larmes, comme le disait Marin Cureau de La Chambre, médecin de Louis XIV, « sont des paroles muettes que la nature emploie pour nous faire connaître l'état dans lequel elle se trouve ». Cureau de La Chambre était un érudit à l'ancienne : dans son imposant traité des passions (*Charactères des passions*) il consacre cent soixante-neuf pages aux larmes et à leurs sources cachées, plus mystérieuses que celles du Nil. Toute l'esthétique baroque est marquée par les pleurs, les soupirs, les gémissements [16].

Mais les larmes sont aussi un thème central de la spiritualité chrétienne, dès les origines.

Combien de sermons ont été consacrés aux larmes de la prostituée qui versa son parfum sur la tête du Christ ou à celles de Marie l'Égyptienne qui « irrigua son âme de larmes pour éteindre le feu des passions » (selon l'expression de saint André de Crète) ?

Évagre le Pontique, Diadoque de Photiké, Jean Climaque, Jean Cassien, Isaac le Syrien et beaucoup d'autres nous ont laissé des pages d'une grande beauté sur le don des larmes, larmes de « contrition » et de « componction », versées comme preuve du repentir et de la paix retrouvée.

Ces larmes – qui sont à la base de ce que certains auteurs appellent « la spiritualité de l'imperfection » – n'ont rien à voir avec les effusions sentimentales de certains groupes religieux, *New Age* ou pas, ou avec les sensibleries pseudo-religieuses d'adolescents attardés ou en crise affective. Elles ne sont pas les larmes de pâles jeunes filles anorexiques ou d'esthètes en pâmoison devant on ne sait quel chef-d'œuvre. Elles sont un véritable charisme, un don inséparable de la *metanoia*, de la conversion de l'esprit et du cœur, du changement radical et douloureux. Plutôt qu'un aveu de faiblesse, « les larmes témoignent que l'homme n'est pas fait pour l'inéluctable », écrit Olivier Clément [17]. « Elles sont prière. Elles implorent, désignent déjà, une vie plus forte que la mort, un amour plus fort que la séparation et que la haine. »

Les mystiques de l'Église d'Orient nous parlent à ce sujet de « douloureuse joie » : étrange antinomie, dans laquelle – pourtant – se trouve une des clés du mystère chrétien. Des larmes, c'est-à-dire de la conscience du péché et du repentir, naît la joie de la conversion. Selon saint André de Crète, l'eau des larmes est comme celle du Baptême, car elle fait agir la grâce baptismale [18].

André de Crète : un chapitre à part dans l'histoire sociale des larmes devrait être consacré à ce moine et poète, né à Damas autour de 660. Son *canon pénitentiel*, lu et chanté aujourd'hui encore en carême dans toutes les églises d'Orient, est un hymne à la force purificatrice des larmes (le compositeur Arvo Pärt en a proposé récemment une lecture d'une grande force de suggestion [19]).

Et en Occident ? Le thème des larmes est un *leitmotiv* de la littérature spirituelle, entre Moyen Âge et âge baroque.

Catherine de Sienne parle de deux sortes de larmes : les larmes de mort et celles de vie. Les premières sont souvent d'auto-commisération et stériles, le fruit de la douleur ou de l'offense reçue ; les secondes sont un don précieux. D'autres auteurs reconnaissent l'importance des larmes comme facteur de consolation, mais ils insistent sur la nécessité du discernement, car toutes les larmes ne sont pas spirituellement fécondes et il est nécessaire de pouvoir distinguer entre celles qui sont dictées par l'amour-propre et les autres, qui nous font progresser sur le chemin de la foi.

Les grands auteurs spirituels et les grands mystiques soulignent, donc, l'ambivalence fondamentale des larmes. À côté des « bonnes » larmes il y a les « mauvaises ». Mais on ne peut ignorer que sur ces dernières s'est appuyée pendant des siècles la pastorale de la peur des annonciateurs d'apocalypse, de prédicateurs sadiques qui de leur chaire terrorisaient les fidèles avec la menace du feu et des pleurs éternels. Cela aussi fait partie de cette histoire sociale des larmes qui reste à écrire.

« Le monde est un réceptacle de sanglots », disait Emil Cioran. Il s'agit d'interpréter ces sanglots, de les lire, selon le vieux conseil de Spinoza : « sans rire, sans pleurer, mais en essayant de comprendre ». Alors, peut-être, la « parole muette » des larmes parlera.

Quel regard ?

Tout est question de regard. Le savent bien les iconographes de l'Église d'Orient qui, avant de peindre l'icône de la Transfiguration, pratiquent le jeûne du regard, pour se purifier de toutes les images qui les encombrent et être ainsi prêts à cet exercice qui est le sommet de leur art. Tout est question de regard, en communication aussi. Mais trop souvent on souligne le côté *passif* du regard plutôt que son côté actif. « L'œil écoute », disait Claudel. Mais il parle, aussi. Il communique le désintérêt, le mépris ou la haine ou au contraire l'amour, l'amitié, la compassion. L'admiration passe par le regard. Mais elle ne va pas de soi : elle est souvent le résultat d'un effort ou d'une ascèse. Elle s'entretient, elle demande un dépassement de soi et de ses instincts, comme le dit bien le titre d'un livre que Emil Cioran a consacré aux philosophes et aux écrivains qu'il aimait ou s'efforçait d'aimer : *Exercices d'admiration* (1986).

Or, dans le théâtre des apparences, l'admiration fait souvent cruellement défaut, comme si elle était le signe de la faiblesse et le mépris, celui de la force et de la sûreté du jugement. Comme si, dans la communication, le but était de vaincre et d'écraser l'autre, de montrer ses failles, ses limites et ses contradictions. L'esthétique du mépris, très à la mode aujourd'hui dans certains organes de presse pseudo-progressistes (ceux-là même qui justifient les platitudes et les outrances d'un Houellebecq), est une solution de facilité. Au contraire, la vraie admiration est exigeante. Non l'admiration béate, dépourvue de tout esprit critique, mais celle qui naît de l'écoute de l'autre et de ses raisons.

Andrei Tarkovskij nous a montré dans ses films (en particulier, *Andrej Rublëv* et *Le sacrifice*) ce qu'admirer veut dire : faire silence en soi, faire taire tout ce qui nous distrait pour aller à l'essentiel et transformer chaque rencontre en occasion de découverte et de communication véritable, en occasion de joie et de louange.

La vraie communication est toute dans ce jeu de regards, dans cet échange silencieux. Par le regard, il ne s'agit pas de rechercher je ne sais quelle « connivence ». Mais de montrer – de cette façon aussi – la primauté de la personne, en opposition au voyeurisme de masse qui voudrait faire de nous tous les pantins ou les marionnettes d'un *Loft Story* planétaire.

À côté du regard intrusif de *Big Brother* et de ses imitateurs, à côté des rêves de transparence de la société du spectacle, il y a un autre regard : celui qui fait tomber les masques et qui révèle, dans sa nudité et sa fragilité, quelques reflets du mystère de la personne. C'est de ce regard, pudique et discret, que les chrétiens sont appelés à être les témoins dans l'univers de la communication. Car – comme le dit Olivier Clément – le christianisme est la religion des visages : un regard qui libère, en nous faisant reconnaître dans le visage de l'autre le visage de Dieu (ce Dieu devenu visage).

Le « grain » de la voix

Parmi les signes d'appartenance à la tribu, il en est un qui ne trompe pas. C'est la voix.

Y a-t-il des voix plus « catholiques » que d'autres ? On pourrait le craindre.

Des voix parfois ampoulées, maniérées ou, au contraire, fades, désincarnées, sans aucun caractère. Des voix à la guimauve ou qui prononcent, d'un ton monocorde, des « paroles gelées » comme celles que Pantagruel entend en pleine mer : paroles qui fondent comme neige au soleil [20].

À côté des sourires, un ethnologue facétieux pourrait aussi cataloguer les voix : en fonction du timbre, du ton et du rythme de chacune. Des voix qui, par un prodige à l'envers, transforment le souffle de l'Esprit en bruit insignifiant, simple *flatus vocis*, sans autorité et sans passion.

Or le « grain » de la voix, comme l'appelait Roland Barthes, et plus encore le rythme, la *modulatio*, sont parmi les « opérateurs de connivence » les plus importants. Par eux ou grâce à eux on capte plus ou moins facilement l'attention des auditeurs. Par eux on offre, que nous le voulions ou non, des informations capitales sur nos origines et notre éducation, sur notre histoire individuelle et sur les appartenances de classe, de clan ou de tribu. Car la voix est bien plus qu'un simple véhicule de la parole et de la pensée. Les comédiens et tous les hommes du verbe le savent bien. Il y a une métaphysique et une anthropologie de la voix, un savoir et des techniques hérités socialement et qui s'expriment par l'émission de sons plus ou moins cohérents et plus ou moins harmonieux [21].

De la même façon que le regard, que les mimiques du visage et que les gestes de la main, la voix accueille ou exclut, classe et range, suscite la sympathie ou la répulsion.

Or, d'où nous vient si souvent – dans nos églises ou dans certaines émissions de radios et de télévisions catholiques – cette impression d'« airain qui sonne ou cymbale qui retentit » (1 Co 13, 1) ? D'où nous vient cette étrange sensation d'artifice ?

Nous trouvons peut-être une explication chez Paul : « Lorsque j'étais enfant, je parlais en enfant, je pensais en enfant, je raisonnais en enfant ; une fois devenu homme, j'ai fait disparaître ce qui était de l'enfant » (1 Co 13, 11).

Il s'agit, dans le domaine de la voix, comme dans les autres, de passer à l'âge adulte, d'accepter sa *mue*, de s'adresser en adulte à d'autres adultes. Et de ne pas se cantonner ou se complaire dans la logique, en définitive enfantine et sectaire, du petit groupe ou de la tribu, avec ses codes, ses accents, ses tonalités, ses tics verbaux. Ainsi, peut-être, les voix se transformeront-elles en ces « *ríos sonorosos, / el silbo de los aires amorosos* » auxquels fait allusion saint Jean de la Croix dans son *Cantique spirituel*. Des voix d'hommes et de femmes d'aujourd'hui, ni tonitruantes ni asexuées ni affectées. Des voix audibles. Et crédibles.

Notes

1. George Steiner, *Passions impunies*, Gallimard, 1996, p. 19.
2. Voir l'article de Pascale Robert-Diard, « Lionel qui pense de la main droite et Jospin qui parle de la main gauche », *Le Monde*, 20 octobre 2000, p. 1.
3. Voir Jean-Claude Schmitt, *La raison des gestes dans l'Occident médiéval*, Paris, Gallimard, 1990.
4. Voir le très beau livre de Maurice Gruau, *L'homme rituel. Anthropologie du rituel catholique français*, Paris, Métailié, 1999.
5. M. Mauss, « Les techniques du corps », in *Sociologie et anthropologie*, Paris, PUF, 1968 (quatrième édition), p. 363-386.
6. M. de Certeau, *L'Étranger ou l'union dans la différence*, Paris, DDB, 1991, p. 15.
7. « J'entends par ce mot les façons dont les hommes, société par société, de façon traditionnelle savent se servir de leur corps », in « Les techniques du corps », *op. cit.*
8. *L'homme rituel*, *op. cit.*, p. 18.
9. *Ibidem.*
10. *Essais*, II, XII.
11. Julian Barnes, *Lettres de Londres*, Paris, Gallimard, 1997, p. 29-30.
12. Sur cette question ainsi que sur la sociologie et la théologie du rire, voir l'essai, désormais fondamental, de Peter L. Berger, *Redeeming laughter. The comic dimension of human experience*, New York-Berlin, Walter de Gruyter, 1997.
13. Cf. Karl Rahner, « Petite théologie du rire », in *L'homme au miroir de l'année chrétienne*, Paris, Mame, 1966, p. 75-87
14. Cf. Teodor Baconsky, *Le rire des Pères. Essai sur le rire dans la patristique grecque*, Paris, Desclée de Brouwer, 1996.
15. La contribution la plus approfondie, à ce jour, est celle de Piroska Nagy, *Le don des larmes au Moyen Âge*, Paris, Albin Michel, 2000.
16. Cf. Jean-Loup Charvet, *L'éloquence des larmes*, Paris, Desclée de Brouwer, 2000.

17. *Le visage intérieur*, Paris, Stock, 1978, p. 22.
18. *Le chant des larmes*, DDB.
19. A. Pârt, disque ECM.
20. François Rabelais, *Le Quart livre*, ch. LVI.
21. Cf. Paul Zumthor, *La lettre et la voix. De la "littérature" médiévale*, Paris, Le Seuil, 1987. Et surtout : Corrado Bologna, *Flatus vocis. Metafisica e antropologia della voce*, Bologna, Il Mulino, 2000.

CHAPITRE 7

L'ÉGLISE ET LES MÉDIAS : AU-DELÀ DU MALENTENDU

« Le bon Dieu a toujours eu des problèmes de communication. On ne compte plus le nombre de ses messages mal interprétés. Même quand il court-circuite les églises, pour éviter que certains de ses courriers ne finissent poste restante, il éprouve beaucoup de difficulté à établir avec les hommes des connexions qui soient à l'abri des interférences. On le reçoit rarement cinq sur cinq. Il y a souvent de la friture sur ses lignes. » [1]

Alain Rollat

« Dieu est-il criminel ? ». Ou, au contraire, « Dieu est-il supercool ? ».

À quelques jours de distance, encore sous le choc des attentats de New York, on pouvait lire à la *une* de deux magazines français ces deux titres, ces deux questions qui nous renseignent, plutôt que sur le casier judiciaire de Dieu, sur la force des images que les hommes depuis toujours projettent sur l'Éternel.

Caricature, sensationnalisme, simplifications outrancières : le débat sur les liens entre religions et violence n'a pas échappé à ces dangers.

Même si personne n'a osé formuler la troisième hypothèse blasphématoire (« Dieu est-il un criminel supercool ? »), la « friture » sur la ligne a été cette fois-ci plus forte que d'habitude. Mais il est vrai que lorsqu'il s'agit de Dieu et des médias rien n'est simple : l'Éternel devient le plus souvent une idole que chacun façonne à son image, un fantoche ou une poupée que l'on peint comme on veut.

Dieu a-t-il mauvaise presse ? Ce n'est pas si sûr. Il est, en tout cas, omniprésent : expulsé trop vite de la scène publique par ceux qui en annonçaient la mort, il revient en conquérant.

C'est le triomphe du sacré épiphanique, d'une religion du « voir » plutôt que du « croire », une religion qui réclame apparitions, prodiges, miracles et qui a partout, comme l'a montré William Klein dans son film, *Le Messie* (1999), ses adeptes ou ses guerriers.

La vieille interdiction de prononcer le nom de l'Éternel en vain est bravée quotidiennement. Jamais comme en ces temps que l'on disait « désenchantés » le nom qui est au-dessus de tout autre nom n'a retenti avec une telle fréquence sur la place publique. Et pourtant il y a un véritable « problème de communication ». Dieu « passe » mal. Ses messages ne sont pas toujours compris, sa langue est le plus souvent étrange et ses interprètes attitrés en perdent leur latin ou leur hébreu.

Vieux problème. « La plupart des hommes, enfermés dans leur corps mortel comme l'escargot dans sa coquille, enroulés dans leurs obsessions à la manière des hérissons, modèlent sur eux-mêmes l'idée du Dieu bienheureux », disait Clément d'Alexandrie[2]. Or, ajoutait Grégoire de Nysse, « tout concept formé par l'entendement pour tenter d'atteindre et de cerner la nature divine ne parvient qu'à façonner une idole de Dieu, non à le faire connaître »[3].

De nombreux Pères grecs et latins soulignent ce même danger. Comment dire l'Ineffable, l'Indicible ? Comment renfermer en un nom ou en une définition Celui qu'aucune définition ne peut contenir ?

Débat toujours actuel. Sortant de leur coquille, tous les grands théologiens ont apporté leur contribution au dossier. La question de la « nomination » de Dieu occupe plusieurs rayons de toute bibliothèque consacrée à l'histoire des religions.

Pouvait-il en être autrement, puisque Dieu n'a jamais cessé de hanter l'histoire des hommes, même – parfois, surtout – celle de ceux qui se proclamaient « athées » ?

Avec l'apparition des grands médias et le culte de la transparence poussé à l'extrême (« on peut tout dire et tout montrer »), le vieil interdit peut paraître incompréhensible. C'est, pourtant, l'un des arguments les plus forts que l'on puisse opposer à la « vidéologie », l'idéologie totalitaire façon *Big Brother* ou *Loft Story*, et à ses hérauts. Non, tout ne peut pas être « dit » ou « montré ». Car quelqu'un, quelque chose, un lieu, un espace échappent à toute tentative de les circonscrire, de se les approprier et de les dominer.

Les raisons du conflit

Et l'Église dans tout ça ? Si « le bon Dieu a toujours eu des problèmes de communication », elle n'a pas été en reste.

Grande communicante, elle a eu ses heures de gloire, mais aussi ses plans de communication défaillants : elle « cause » trop, selon certains ; elle ne parle pas assez, selon d'autres ; elle est excessivement médiatique, elle ne l'est pas assez ; elle prête une confiance excessive aux moyens techniques, elle les sous-estime ; elle privilégie les grands témoins (qui deviennent vite des « vedettes ») et elle ne donne pas assez de place au peuple de Dieu ; elle utilise une langue pour initiés, elle banalise, dans ses cérémonies en mondovision, l'expression de la foi.

Le jeu des oppositions ou des antinomies, comme nous l'avons vu dans le premier chapitre, pourrait être encore plus long.

Mais ce serait rester à la superficie des choses que de se limiter à constater le conflit qui oppose deux logiques et, parfois, deux stratégies : la logique et la stratégie des médias et celles de l'Église.

Comme le montre l'étude de Martine Roger-Machart sur les « images de la religion à la télévision », la réalité est bien plus complexe et nuancée [4]. Et elle réserve de nombreuses surprises, des deux côtés, quand on prend la peine de se débarrasser de quelques idées reçues trop commodes.

Si la réalité de l'Église est multiple, celle des médias l'est tout autant : il n'y a pas une seule approche du phénomène religieux, mais une multitude d'approches et de « genres » (de l'information aux émissions de fiction) qu'il faut analyser en détail, avant de procéder aux nécessaires généralisations. Des deux côtés, l'exercice du discernement et de l'esprit critique pourrait permettre de ne pas tomber dans le piège des idées toutes faites et des clichés inévitablement réducteurs.

Quelles sont aujourd'hui les raisons du contentieux ou de l'incompréhension ?

Dans son essai sur le conflit entre « parole médiatique » et « parole ecclésiale », Henri Tincq analyse quatre tensions, quatre questions épineuses qui divisent les représentants des médias et les hommes d'Église [5].

Tout d'abord, le contraste entre le message complexe des Églises et la sélection et simplification opérées par les médias. Ensuite, l'opposition entre le goût du secret de l'institution ecclésiale et le souci de la mise en scène médiatique. Troisièmement, le conflit entre une œuvre considérée comme collective et le besoin de personnalisation (de la part des médias). Enfin, le sens d'un plus large consensus, d'un côté, et l'exploitation de la polémique, de l'autre.

À ces quatre tensions indiquées par Tincq on pourrait ajouter les pièges de la « communication cérémonielle » qui s'adapte mal aux contraintes, aux exigences, au rythme de l'information médiatique, et à la nouvelle « temporalité » mise en œuvre par les médias.

Mais il y aussi d'autres pièges, comme la langue de bois, le « jeunisme » et le culte de l'émotion, dont il faudrait montrer les effets.

Commençons par le problème du temps ou, plutôt, par l'opposition entre les exigences d'une parole « méditée » ou, selon l'expression usuelle, « mûrement réfléchie » et l'urgence de la communication médiatique.

Le temps des médias

Guerres, catastrophes, attentats : tous les soirs à vingt heures nous assistons à la même tragédie. Les événements et les acteurs changent, mais la pièce mise en scène est la même : Chronos dévore ses enfants.

Savez-vous quelle est la durée moyenne d'un « plan » dans un reportage du journal télévisé ? Trois secondes (s'il n'y a pas de mouvements). Trois secondes, au bout desquelles – sans le savoir, car nous sommes désormais « conditionnés » – nous avons envie de voir autre chose.

Le temps télévisuel est la célébration des fastes du direct, la victoire de l'instant sur la durée, de l'immédiateté sur la réflexion. Le triomphe de la rapidité et de ses oripeaux technologiques (téléphones portables, antennes paraboliques).

Il y a toute une rhétorique du direct, du *live*, comme si le *live* était plus vrai que le différé et non pas également artificiel, construit, soumis à une mise en scène savante et à un montage rigoureux de cadres et d'« angles » différents.

« La phénoménologie de base du journalisme est, en un certain sens, métaphysique. Elle met en jeu une épistémologie et une éthique d'une temporalité douteuse », écrit le philosophe George Steiner [6]. « La dimension temporelle du journalisme est une simultanéité nivelante. Tout a plus ou moins la même importance. Tout n'est que quotidien. » Et tout, dès le lendemain, est déjà vieux, déjà en vente, soldé dans le supermarché de l'information. Tout : la guerre en Afghanistan ou l'arrivée de l'euro ; la dernière catastrophe ou le dernier fait divers.

Le jugement de Steiner est peut-être excessif. De nombreux quotidiens nous prouvent que l'on peut bien informer, être clair, efficace, persuasif en peu de temps, que l'on peut aussi situer les événements en perspective, faire appel à l'histoire, « hiérarchiser », établir un ordre entre les différentes informations. Mais il est difficile, au bout d'une demi-heure de journal télévisé, de ne pas être saisi par l'*effet mixeur*, par l'impression de la « simultanéité nivelante ».

De la télévision, d'où elle est partie, l'idéologie du *live* a gagné désormais tous les recoins du système des médias et imposé à la presse écrite des rythmes plus rapides, un plus grand nombre de « brèves », une mise en page plus « nerveuse ». Elle a modifié aussi nos réflexes de lecteurs, notre capacité de concentration[7].

Or, comme l'écrit Régis Debray, « les technologies du *live* ne supportent pas les *instances du différé* (tout ce qui peut véhiculer un dépôt – de foi, de connaissances ou de règles) »[8]. Il faut faire vite et, parfois, penser plus vite que son ombre. L'urgence prime sur la pensée. Mais cette urgence peut-elle offrir autre chose qu'une nourriture pré-mâchée ou pré-digérée, autre chose que du *fast-food* culturel, servi par les *fast-thinkers* que l'on invite dans toutes les émissions ?

La réponse de Pierre Bourdieu, dans son livre rouge sur la télévision, est : non, dans l'urgence il n'y a qu'un simulacre de pensée, tout au plus une série de lieux communs[9].

Mais on peut avoir des opinions moins tranchées. Accepter le risque de la réduction, de la sélection, du montage. Si la règle du jeu est claire, on peut aussi transformer la contrainte de la rapidité en atout, pour aller à l'essentiel, éliminer l'accessoire et tout ce qui alourdit la formulation d'une pensée (jargon, langue de bois, langage prétendument scientifique, niaiseries de toutes sortes). Tout cela demande un travail exigeant, une remise en question de quelques certitudes bien ancrées, moins de vanité et de confiance en ses propres paroles.

De quelle façon les représentants de l'Église acceptent-ils, quand ils sont sollicités, de relever ce pari ?

Les réactions – de nombreux journalistes vous le diront – vont de la méfiance à la peur, plus ou moins dissimulée.

Qu'est-ce qu'on peut dire en une minute ou, pire, en trente secondes ? Quel message faire « passer » quand on dispose de cent quatre-vingt ou de quatre-vingt-dix mots, le temps d'une intervention au journal télévisé ?

« Rien d'excellent ne peut sortir de celui qui d'abord vise un "public" », écrivait le Père de Lubac [10]. « Le "public" n'est pas un interlocuteur. En s'adressant au "public" on ne parle pas à quelqu'un. Dans toute recherche du "public" il y a un artifice, une insincérité foncière qui vicie d'avance l'œuvre entreprise. »

Même dans l'urgence et dans la rapidité et au-delà de l'écran de la petite lucarne, ce qui compte c'est de « parler à quelqu'un », de donner envie d'en savoir plus, d'aller plus loin, de susciter un désir. De montrer qu'à côté de la « temporalité douteuse » du journalisme il y a un autre temps, avec d'autres rythmes, d'autres exigences : le temps de la réflexion, de l'étude, de la méditation, de la prière, du silence. Donner envie de cet autre temps c'est introduire le petit grain de sable qui grippe la machine, c'est susciter la nostalgie d'un temps qui n'est pas soumis aux règles de la hâte, à la dictature de la productivité et de la rentabilité : un temps gratuit qui devient celui d'une véritable communication entre les hommes.

Mais il y a une autre menace, encore plus redoutable que celle du temps médiatique : le jargon qui intimide et qui exclut.

La langue de bois

L'Église s'exprime-t-elle dans un langage pour initiés ? On entend souvent la remarque : sa langue est obscure (et pas toujours de *l'obscure clarté* des mystiques), c'est un jargon d'un autre âge [11].

Qui pourrait nier l'existence d'une langue de bois spécifiquement ecclésiastique, avec ses niaiseries et ses fadaises, ses tics et ses clins d'œil ?

Pourtant, l'Église n'a pas le monopole de la langue de bois, loin de là. Et puis il faudrait distinguer entre « langue de bois » et « langages spécialisés » ou « sectoriels », car ces derniers se révèlent souvent indispensables à la formation et à la circulation d'un savoir technique et ils contribuent à enrichir la langue commune.

Les choses se compliquent quand le langage spécialisé ou technique prend le dessus et envahit d'autres sphères.

Peut-on dire que c'est justement ce qui arrive avec le langage de l'Église ?

Ce langage n'est plus l'expression – dans nos pays occidentaux – d'une culture commune : il est étranger à une très grande majorité de nos contemporains. D'où la nécessité de la traduction, de l'adaptation, de l'inculturation.

Il en va tout autrement de la langue de bois.

Si le langage sectoriel est soumis à une tension permanente entre la nécessité de la clarté et la tentation de l'obscurité, entre l'aspiration à l'universel et la retombée dans le circuit fermé du jargon, la langue de bois, elle, a d'autres fonctions, d'autres buts. La langue de bois c'est l'anti-langue, c'est *parler pour ne pas dire*, c'est le contraire du conseil évangélique : « Que votre langage soit : "Oui ? oui", "Non ? non" » (Mt 5, 37). C'est l'art ou, plutôt, la technique de « noyer le poisson », de « ne pas se mouiller » ou de gagner du temps, de brouiller les pistes, d'interposer un écran de fumée entre les mots et la réalité. C'est, au fond, une bien pauvre conception des pouvoirs de la parole. « Dans notre société où le mensonge est considéré comme l'un des beaux-arts du pouvoir et la falsification comme l'un des instruments naturels du profit, *le parler pour ne pas dire* s'est développé dans tous les domaines », constatait il y a quelques années l'écrivain Claude Roy [12]. « Le vague, le flou, le rien règnent dans les discours. Dans cet usage de la parole comme brouillage, on ne distingue plus toujours ce qui est ruse délibérée ou paresse très flasque. »

La langue de bois est la meilleure alliée de la société de l'euphémisme et du « politiquement correct », où il est interdit d'appeler les choses par leur nom. Mais l'Église peut-elle, sans trahir sa mission, tomber dans les pièges de la langue de bois ?

Un certain irénisme, la volonté de ne blesser personne, la recherche du plus large consensus semblent parfois justifier la langue de bois. Mais c'est une tentative qui est presque toujours vouée à l'échec, car les médias ne se privent pas de faire remarquer les failles d'un discours lénifiant ou le vide de certaines formules. Et s'il y a une chose que l'on ne pardonne pas, c'est la langue de bois... de l'autre.

Les mystères de la synecdoque et de l'hyperbole

Bien silencieux sur un bon nombre de questions concernant la vie de l'Église au quotidien (synodes diocésains, renouveau de la catéchèse, débats internes...), les médias de masse sont, au contraire, très attentifs au sensationnel, au pittoresque, à ce qui se prête à la polémique : le constat n'est pas nouveau et il devient presque banal. Indéniablement, il y a eu ces dernières années une dérive vers l'information spectacle (ce que les Américains appellent « *infotainment* », mélange d'infos et de variétés). Dans de nombreuses rédactions le nouveau mot d'ordre est : « *people* », car il s'agit de braquer les projecteurs sur les vedettes censées faire monter l'audience ou les ventes.

Mais à côté des questions épisodiques qui pourraient expliquer cette dérive (par exemple, le traitement médiatique de la mort de la princesse Diana, considéré par certains comme un tournant), il y a des raisons plus profondes, de langage.

Les médias, surtout les médias de masse, utilisent, pas toujours consciemment, la figure rhétorique de la « synecdoque », l'artifice qui nous fait prendre la partie pour le tout (une « voile » pour indiquer le « navire ») et le singulier pour le pluriel : un cas particulier devient ainsi universel et, comme l'écrit Michel Souchon au sujet de l'Église, un évêque devient le représentant de tous les évêques, un chrétien celui de tous les chrétiens [13].

En ce qui concerne les représentations médiatiques de l'Église, on voit bien quels sont les dangers de la synecdoque : le vedettariat de certains, choisis parce qu'ils « crèvent l'écran » et non à cause de leur autorité réelle ; deuxièmement, la réduction de l'Église à sa réalité institutionnelle et hiérarchique, avec ses représentants attitrés, le plus souvent des évêques.

Les médias – surtout la télévision – aiment ce raccourci, favorisé par la paresse de chercher d'autres témoins et de donner une image plus large et plus variée de la réalité ecclésiale. Mais ils aiment aussi l'hyperbole, la figure de l'exagération : l'exceptionnel, le pittoresque, les cérémonies somptueuses ou, comme l'on dit parfois, « d'un autre âge ».

Toute une partie de la vie de l'Église (son effort d'évangélisation, sa présence auprès des pauvres, la recherche spirituelle et la vie de prière de nombreuses communautés...) est ainsi occultée. Mais les médias sont-ils les seuls responsables de ces choix ? Le goût des mises en scène spectaculaires (par exemple, lors du dernier jubilé) est-il le simple reflet de la culture médiatique contemporaine ou est-il ancré dans une tradition bien plus ancienne ?

À juste titre, Henri Tincq souligne le désaccord entre une Église dominée par le souci de la discrétion, voire du secret, et des médias qui obéissent à une toute autre logique (transparence et théâtralisation de l'information, goût des « petites phrases », polémiques) [14].

La communication cérémonielle – avec ses pompes et ses fastes – est, au moins depuis l'âge baroque, l'autre côté de la médaille du « souci de discrétion », car si l'Église est très peu bavarde sur son fonctionnement interne, elle communique beaucoup grâce à ses rites.

Medias-événements

Messes télévisées, grands pèlerinages, rencontres de prière, veillées (à commencer par celles des JMJ) : l'Église est, sans doute, parmi les « spécialistes » de ceux que les sociologues appellent *media-events*. Très peu d'institutions connaissent comme elle les multiples secrets de la mise en scène d'un événement.

Or, la communication cérémonielle est un genre à part entière : elle obéit à une dramaturgie spécifique, à un rituel codifié, avec des rythmes que l'on peut difficilement transposer à d'autres moments ou à d'autres aspects de la communication médiatique [15].

Ce type d'événement – d'une chorégraphie soignée – se nourrit de messages forts, à très fort contenu émotionnel, et facilement mémorisables, suscite dans la plupart des cas un fort sentiment d'appartenance et de communion entre les participants « sur place » et les téléspectateurs, mais elle est nécessairement limitée dans le temps, elle appartient à l'exception et non pas à la norme de la vie ecclésiale.

Religion de l'euphorie, culte de l'émotion, jeunisme (cette maladie sénile des grandes institutions), superficialité : les reproches adressés à la communication cérémonielle sont nombreux. Mais elle a, le plus souvent, des buts clairement fixés : retrouver, dans la célébration festive, le sens d'une identité qui dépasse les langues et les frontières, « faire corps », renouveler et adapter aux nouveaux langages (par exemple, ceux de la culture juvénile) les symboles de la foi.

Moment décisif ? Illusion ? Le débat est ouvert. Mais l'on ne peut pas nier que la communication cérémonielle tende, depuis quelques années, à phagocyter les autres modèles de communication ou à leur imposer ses règles (il suffit, pour s'en apercevoir, d'analyser les émissions des télévisions confessionnelles en Europe). D'où l'impression d'une euphorie permanente, d'un enthousiasme un peu forcé, qui s'accordent mal avec le temps ordinaire de l'existence chrétienne ou de l'existence tout court. Car – comme nous le rappelle Qohélet – il y a un temps pour tout. Le temps de la fête et de la danse et celui du silence.

Pour se rendre compte du décalage existant entre la communication officielle et sa perception par les médias, il est très instructif de « cerner », comme l'a fait Martine Roger-Machart, les idées reçues sur l'Église catholique en France [16].

Parmi les représentations communément admises à la télévision, il y a celle qui considère l'Église comme étant « rangée en bon ordre derrière son chef », en quelque sorte comme une réalité monolithique, qui s'exprime d'une seule voix.

L'Église est perçue ensuite comme une institution « fortement hiérarchisée », comme « une administration dont le Pape serait le ministre entouré par un cabinet : le Vatican, des directeurs : les évêques, des cadres : les prêtres, les laïcs étant les OS, les sans grades, sans représentation particulière » [17].

Cette Église apparaît aussi comme vieillissante ou en voie de disparition, comme conservatrice et véhiculant un message répressif.

Même si ce tableau – comme le souligne M. Roger-Machart – doit être nuancé, car la réalité des représentations médiatiques de l'Église est bien plus complexe, il est révélateur de la force de certains stéréotypes, mais aussi du chemin à faire pour corriger ces incompréhensions ou ces malentendus.

Un des plus grands dangers sur le sentier de la clarification est ce que les sociologues et les psychologues appellent « communication paradoxale », celle qui naît de deux messages ou de deux injonctions contradictoires et qui produit la cacophonie, le flottement, l'indécision et le trouble des croyants et de l'opinion.

La communication paradoxale est parfois le prix du pluralisme (précieux et nécessaire), mais elle est aussi le signe d'un décalage entre la hiérarchie et le peuple de Dieu, le révélateur d'un malaise ou d'une impasse.

Combien de fois, sur des questions sensibles (qui touchent le plus souvent la morale), les médias ne se privent-ils pas de révéler ces contradictions ? Et d'ailleurs pourquoi s'en priveraient-ils ?

Pour les chrétiens, la communication paradoxale est le signe que, selon le vieil adage, l'Église est « toujours à réformer », si elle veut être fidèle à son Seigneur. Mais elle montre aussi – comme dans un miroir renversé – l'importance d'une vertu oubliée : la *parrhèsia*, le franc-parler évangélique.

C'est la *parrhèsia* qui brise les faux-semblants et qui, sous la conduite de l'Esprit, libère les chrétiens de leurs peurs et de leurs timidités.

Quand la *parrhèsia* vient à manquer, l'Église, comme l'écrit Enzo Bianchi, « connaît le risque de changer l'*Évangile*, la bonne nouvelle de la communication de Dieu aux hommes, en *mauvaise communication* ». C'est la *parrhèsia* qui permet d'assumer les conflits, de ne pas les cacher, car eux aussi permettent aux chrétiens d'avancer sur le chemin de la foi. C'est la *parrhèsia*, enfin, qui fait de toute communication une rencontre véritable (et – pourquoi pas ? – une fête) et qui montre d'autres horizons que celui, souvent bouché, des petites ou grandes querelles.

L'art du silence

Elle « cause » trop, l'Église ? « C'est le torrent, le trop plein, l'overdose », écrit Gabriel Marc au sujet des documents produits chaque année par le Magistère [18]. Et il est vrai que le nombre de mots est considérable : pour la période 1965-1998, ils tiennent, selon les calculs de Marc, en 36 300 pages de près de 7 000 signes de la Documentation catholique.

Je ne sais pas si le critère du nombre de mots peut en être un (en tout cas, pas le seul). Mais on peut mesurer la qualité d'une communication à la qualité de ses silences, car il y a un silence de gêne ou de mépris, un silence arrogant ou honteux, et il y a le silence de la contemplation, de la prière, du respect de l'autre. Il y a le silence qui cache et celui qui est plein d'émerveillement devant la beauté du monde, le silence comme maître de la parole, *silentium loquendi magister*, de la tradition médiévale [19].

On oublie trop souvent que la communication ne se réduit pas à la parole, mais qu'elle est aussi faite de silence. Un silence qui est écoute de l'autre et de ses raisons. Un silence qui permet d'être attentifs aux cris de détresse, aux demandes de secours et de dénoncer ensuite, haut et fort, les injustices.

C'est le silence qui montre souvent le sérieux de la vie.

Ce n'est pas un choix facile, c'est un art qui n'a rien à voir avec un quelconque mépris aristocratique envers les médias de masse ou avec la censure (je pense au contraire qu'une plus grande transparence sur la vie interne de l'Église serait non seulement souhaitable, mais hautement bénéfique pour sa communication).

Opposer parfois le silence aux vains bavardages de l'agitation médiatique c'est montrer tout l'intérêt que l'on porte à la parole. Et donc à la communication.

Notes

1. Alain Rollat, « Les canaux du Seigneur... », *Le Monde*, 15 décembre 1999, p. 38.
2. *Stromates*, V, XI (PG 9, 103).
3. *Vie de Moïse* (PG 44, 377).
4. Cf. Martine Roger-Machart, *Images de la religion à la télévision. Analyse d'une année de programmes*, 6 avril 1998/6 avril 1999, Service National de pastorale de la communication, octobre 2000.
5. Henri Tincq, « Un couple explosif », *op. cit.*, p. 91.
6. George Steiner, *Réelles présences. Les arts du sens*, Paris, Gallimard, 1989, p. 48.
7. Sur les transformations de la "mise en scène" et de la mise en page des informations voir : Jean-François Barbier-Bouvet, « Internet, lecture et culture de flux », *Esprit*, décembre 2001, p. 22-28.
8. Régis Debray, *Dieu, un itinéraire*, Paris, Éditions Odile Jacob, 2001, p. 339.
9. Cf. Pierre Bourdieu, *Sur la télévision op. cit.*, p. 29-32.
10. Henri de Lubac, *Paradoxes*, Paris, Le Seuil, 1959.
11. Par commodité, nous utilisons ici « langue » et « langage » comme synonymes, ce qu'ils ne sont évidemment pas. Cf. de Geneviève

Calame-Griaule, « La parole et le discours », in *Histoire des mœurs*, Encyclopédie de la Pléiade, t. 2, p. 7 : « Si l'on entend par *langage* la faculté proprement humaine de communiquer une pensée au moyen d'un système de signes phonatoires (ou graphiques, ou dans certains cas gestuels), la *langue* est, selon la définition saussurienne toujours valable, "la partie sociale du langage", le code de communication commun aux membres d'une même communauté ; quant à la parole, elle est l'usage que fait un individu de la langue. »

12. Claude Roy, « Du mensonge comme l'un des beaux-arts », dans *Le Nouvel Observateur*, 4-10 novembre 1993, p. 46.

13. Cf. Michel Souchon, « L'Église au filtre des médias », dans *Études*, avril 1994, p. 481-490.

14. Cf. Henri Tincq, « Église-médias : la double méprise », in *Médias et religions en miroir* (sous la direction de Pierre Bréchon et Jean-Pierre Willaime), Paris, PUF, p. 171-180.

15. Cf. Daniel Dayan et Elihu Katz, *La télévision cérémonielle*, Paris, PUF, 1996.

16. Martine Roger-Machart, *Images de la religion à la télévision*, *op. cit.*, p. 21-24.

17. *Ibidem*, p. 22.

18. Gabriel Marc, « Elle cause, elle cause, trop, l'Église », *Jésus. Les cahiers du libre avenir*, septembre 1999, p. 18.

19. Sur le silence et son « hospitalité » voir les très belles pages de Jean-Louis Chrétien, in *L'arche de la parole*, Paris, PUF, 1998, p. 52-102.

CONCLUSION

« Quelle est donc la nouvelle mission de Don Quichotte aujourd'hui en ce monde ? Crier, crier dans le désert. Mais le désert entend, si les hommes n'entendent pas, et se changera un jour en une forêt sonore, et cette voix solitaire qu'il va jetant dans le désert comme une semence donnera un cèdre gigantesque qui de ses cent mille langues chantera un hosannah éternel au Seigneur de la vie et de la mort. » [1]

Miguel de Unamuno

Le chemin de Babel à Jérusalem est-il si long ? Est-il si tortueux, si cahoteux ? Y a-t-il d'autres issues que celles de la méfiance ou du conflit entre l'Église et les médias ? Face aux bouleversements de la technique et à l'apparition de nouveaux outils, y a-t-il d'autres voies à parcourir pour éviter l'impasse de l'incompréhension ou de l'affrontement ?

Ces questions sont toujours d'actualité. Mais quelle que soit la réponse que l'on puisse y apporter, reste l'exigence, pour tous (chrétiens ou non), de dénoncer le piège de l'idéologie technico-marchande et de montrer que la communication ne se réduit pas à une performance visant à séduire des auditeurs ou des consommateurs, qu'elle n'est pas seulement image, *look*, leurre.

Contre les nouveaux sophistes et les bonimenteurs qui font des médias – comme aujourd'hui en Italie – le tremplin de leur pouvoir politique, il s'agit de rappeler que la communication est avant tout échange gratuit, rencontre, partage. Et non pas, prioritairement, une technique de persuasion ou de propagande.

L'ancienne rhétorique attribuait à la communication trois fonctions essentielles, exprimées par les verbes : *docere, movere, delectare*. Pour bien communiquer, il fallait, donc, *instruire*, *émouvoir* et *divertir*. Ayant oublié ou sous-évalué depuis longtemps la fonction *pédagogique* (avec, toutefois, de nombreuses exceptions), les médias de masse semblent privilégier les deux autres fonctions, *émotionnelle* et *ludique*. L'émotion et les jeux triomphent sur le petit écran et ailleurs, ils dictent leur loi à l'information (transformée parfois en variété avec plumes et paillettes), ils imposent leurs règles, jusqu'à effacer toute tentative de réflexion critique, toute distance. Mais de quelle émotion et de quel jeu s'agit-il ? D'une émotion savamment distillée, d'un jeu dont le déroulement est écrit à l'avance : le contraire, en somme, du jeu libre et créateur.

À ces excès et à ces caricatures peut-on opposer une autre conception du jeu ? Peut-on rappeler que la communication ne peut pas mettre de côté ou entre parenthèses la composante ludique, car celle-ci, loin d'être accessoire, est indispensable à la rencontre et au dialogue entre les personnes ?

Pour les chrétiens le défi est là : montrer non pas qu'il y a trop de jeu, mais qu'il n'y en a pas assez ; montrer que ce qui fait le prix de toute communication véritable est sa *gratuité* et non pas son degré de sophistication.

Comme les enfants et les philosophes le savent bien, il n'y a rien de plus sérieux que le jeu. C'est le jeu qui permet de relativiser nos petites querelles et d'apprécier à leur juste valeur les plaisirs de l'échange, la joie du partage, la fête de la rencontre.

Si les théologiens nous invitent à « penser la création comme jeu »[2], on peut en faire autant de la communication.

Penser la communication comme jeu permet de ne pas la transformer en absolu, en fétiche ou en idole. Et de la considérer comme un pari, une aventure à réinventer chaque jour, sans tomber dans le piège de l'efficacité à tout prix.

« Pour savoir communiquer, il faut savoir reconnaître que notre vérité fondamentale est notre pauvreté ontologique », écrit Enzo Bianchi [3]. Reconnaître qu'en ce domaine nous avons plus de choses à apprendre de don Quichotte que des « parfaits communicateurs » qui encombrent les studios de télévision.

Anti-Faust, anti-Prométhée, don Quichotte est le héros chrétien, l'antihéros par excellence, toujours prêt à se battre contre le chevalier de la Blanche Lune et les moulins à vent du pouvoir. Chevalier errant, éternel rêveur, l'*hidalgo* de la Manche n'est plus – s'il l'a jamais été – un personnage imaginaire : c'est une catégorie de l'esprit, le symbole du perdant dans un monde qui célèbre les « gagnants » et les « battants » et qui place le culte de la performance au-dessus de tout. Mais quelle est aujourd'hui – se demandait Miguel de Unamuno – la nouvelle mission de don Quichotte ? Crier, crier quelques vérités oubliées, dire haut et fort que l'homme est plus grand que la technique et que le christianisme ne se réduit pas à une vague morale, à un ensemble de valeurs humanistes, car « nous n'avons besoin de Dieu ni pour qu'il nous enseigne la vérité des choses, ni leur beauté, ou nous assure la moralité avec des peines et des châtiments, mais pour qu'il nous sauve » [4].

Fou (mais de la folie d'Érasme ou de saint Paul, qui est en fait la vraie sagesse), don Quichotte nous indique un autre chemin par rapport à celui de l'efficacité et de la performance. Seul – dit Claudio Magris [5] –, il serait terriblement dangereux, comme peut l'être l'utopie quand elle prend le rêve pour la réalité et prétend l'imposer par la force. Sans le *désenchantement* de Sancho Panza, l'*utopie* de l'ingénieux *hidalgo* serait un cauchemar totalitaire, une dictature insupportable. Mais c'est elle qui, malgré tout, nous montre les limites de la raison instrumentale et nous rappelle la valeur du jeu.

Don Quichotte, saint patron de la communication ? Il y a là de quoi faire ricaner plus d'un « médiologue » ou d'un expert en stratégie médiatique. D'autres personnages ont un profil plus « convenable », un visage plus « sérieux ».

Mais quel que soit le modèle, l'exigence est la même : faire de la communication la célébration de la liberté commune et non pas un bien monnayable ou une marchandise.

La réflexion sur la spécificité de chaque médium, sur les techniques, les langages, les règles de l'univers médiatique est indispensable. Car l'ignorance et la naïveté en ce domaine se révèlent aussi dangereuses que la suffisance et le contentement de soi. Mais seule une Église qui sait reconnaître sa fragilité ou sa « pauvreté ontologique » sait véritablement communiquer. Une Église qui ne met pas sa confiance dans la richesse des moyens, qui n'a pas peur de la confrontation et du débat, qui accepte d'entrer dans l'orchestre et de courir le risquede l'incompréhension et de l'impopularité.

Une Église… des chrétiens qui ne placent pas leur espérance de succès dans les chars et les chevaux, dans la puissance des émetteurs et des satellites, mais dans la seule force de l'Évangile, communication qui libère.

Notes

1. Miguel de Unamuno, *Le sentiment tragique de la vie*, Paris, Gallimard, 1937.
2. Voir le beau livre de François Euvé, *Penser la création comme jeu*, Paris, Le Cerf, 2000.
3. Enzo Bianchi, *Les mots de la vie intérieure*, Paris, Le Cerf, 2001, p. 144.
4. Miguel de Unamuno, *Le sentiment tragique de la vie*, Paris, Gallimard, nouv. éd. : Folio, 1997, p. 337.
5. Claudio Magris, *Utopie et désenchantement*, Paris, Gallimard, 2001.

TABLE DES MATIÈRES

Composition : Facompo, 14100 Lisieux

Achevé d'imprimer
dans les ateliers de Normandie Roto Impression s.a.
61250 Lonrai
N° d'éditeur : 5328 – N° fab. : 5492 – N° d'imprimeur : 020739
Dépôt légal : mars 2002
Imprimé en France